이 책을 함께 만든 독자에디터들의 소감

독자에디터는 본 책의 초안을 검토하고, 편집 아이디어를 제공하고, 오탈자를 확인하는 등 독자의 눈높이에 맞는 책을 만들 수 있도록 많은 도움을 주셨습니다. 바쁜 시간을 쪼개어 참여해주신 독자에디터 13기 여러분께 깊이 감사드립니다.

- 종이사전 찾아본 지가 언제인지 모르겠는 요즘, 오랜만에 가까이 두고 자주 펼쳐볼 만한 글감사전 발견!

  —**다능 님**

- 글을 쓸 때 가장 어려운 부분은 두 가지입니다. 소재를 찾는 것과 첫 문장을 시작하는 것. 글감 사전을 읽는 동안 자주 상상 나라에 다녀왔습니다. 여러분의 글로 여행 가고 싶습니다.

  —**다담 님**

- 아무 주제나 뽑아서 읽어도 재미있고 다양한 글감 소재를 발견할 수 있다. 여기에 소개된 이야기를 씨앗 삼아 자신만의 공간에서 꽃 피우기를 바란다.

  —**다랑쉬 님**

- 글감을 찾는 것이야말로 글쓰기의 시작입니다. 아이디어가 끝없이 샘솟는 사람이 아닌 이상 모든 사람은 '인풋'이 있어야 '아웃풋'이 나옵니다. 그런 의미에서 이 책은 '인풋'을 위한 마트 같은 책입니다.

  —**맘스서재 님**

- SNS 소재가 떨어지셨나요? 재미있게 대화를 이끌고 싶은가요? 이 책에 수록된 다양한 토막 지식이 당신의 언어 활동을 더 풍요롭게 만들어 줄 것입니다.

  미로나 님

- 글을 쓸 때 유명인의 명언이나 생활 속의 교훈 등으로 첫 문장을 시작하는 경우가 많다. 이 책은 그럴 때 필요한 책이다. 다양한 카테고리의 글감이 소개되어 있어 많은 곳에 인용할 수 있고, 서두를 시작할 수 있는 문구가 많은, 말그대로 '글감사전'이다.

  — 부대손손 님

- 그저 재밌는 글을 읽기만 했을 뿐인데, 지식까지 곁들여져요. 다 읽고 나면 가만히 있는 게 힘들어요. 왜냐고요? 아는 척하고 싶거든요.

  — 알라코코 님

- 글을 쓰기가 막막할 때마다 펼쳐볼 수 있는 글감사전. 위트가 넘치는 저자의 해박한 잡학사전이 쏙 들어오는 느낌이에요. 재치있는 이야기 소재가 필요하다면 글감사전으로 업그레이드 해보세요.

  — 오늘도웃자 님

- "시작이 반이다"라고 합니다. 첫 문장, 첫 마디를 순조롭고 자연스럽게 시작할 수 있다면, 좋은 콘텐츠의 절반은 완성된 거겠죠. 어려운 첫 문장을 위한 아이디어를 글감사전을 통해 얻어보는 건 어떨까요?

  — 주호하마 님

- 쏟아지는 기사와 다양한 정보에 부정적인 것들이 많다고 느껴진다면, 이 책을 펼쳐보자. 좋은 것들, 재미있는 이야기가 많이 남아 있음을 알게 될 것이다.

  — 책재미 님

- 알고 있었지만 잊고 있던 이야기들과 새롭게 알게 된 정보들로 읽는 내내 눈을 뗄 수 없었다. 일상에 새로운 영감을 주면서 좀 더 다르게 생각하고 행동하게도 만들어주었다. 모든 것을 기억할 수 없으니 이 책은 꼭 소장해서 틈틈이 꺼내 볼 생각이다.

  — 초혜 님

- 이색적인 사건, 기발한 정보들이 색다른 시각을 가질 수 있도록 도와줍니다. 나만의 세계가 더욱 넓어진 듯한 기분이 들어요. 글쓰기나 대화의 시작이 막막하고 어려울 때 글감 사전이 유용하게 쓰일 것 같아요!

  — 칠봄 님

- 제목은 글감사전이지만 글을 쓰는 사람에게만 유용한 책은 아니에요. 미술관 좋아하는 친구와 이야기할 거리가 하나 더 생겼네? 이건 좀 더 자세히 알고 싶은데? 이 내용은 가벼운 스몰토크를 해야할 때 좋겠는데? 싶은 아이디어가 많았어요. 예민한 주제가 아닌 안전한 이야깃거리가 필요한 사람에게도 좋을 것 같아요.

  — 칼과 나 님

- 읽다 보면 어느새 호기심을 비롯한 다양한 감정을 느끼는 자신을 발견하게 됩니다. 글감사전에 수록된 신박하고 엉뚱한 이야기가 일상의 무료한 시간을 채워주고 발상의 전환을 일으켜 줍니다.

—터틀코은 님

- 코미디 작가다운 재치있는 문체로 잡학상식을 친근하게 소개해줍니다. 다양한 문화를 배울 수 있고, 고정관념으로 잘못 알고 있었던 상식들을 바로잡아줘요.

—함다 님

글감 사전

글감 사전 One Day Smarter

초판1쇄 발행 2023년 7월 31일

지 은 이 에밀리 윈터
옮 긴 이 손영인
그 림 김규아

발 행 처 잇 콘
발 행 인 록 산
편 집 홍민지
마 케 팅 프랭크, 감성 홍피디, 예디
경영지원 유정은
디 자 인 페이퍼컷 장상호
출판등록 2019년 2월 7일 제25100-2019-000022호
주 소 경기도 용인시 기흥구 동백중앙로 191
팩 스 02-6919-1886

ISBN 979-11-90877-72-5   03030
값 16,800원

◀ **독자설문**

더 나은 책을 만들기 위한
독자설문에 참여하시면
추첨을 통해 선물을 드립니다.
(당첨자 발표는 매월 말 개별연락)

◀ **커뮤니티**

네이버카페에 방문하시면
출간 정보 확인, 이벤트, 원고투고,
소모임 활동, 전문가 칼럼 등
다양한 체험이 가능합니다.

책, 블로그, 유튜브
첫머리에 써먹기 좋은

글감
사전

ONE DAY
SMARTER

에밀리 윈터
EMILY WINTER

손영인 옮김

잇콘

밥과 잰에게

들어가며

"배움을 멈춰선 안 돼. 배움을 멈추면 성장도 멈출 테니까."

내가 열두 살이었을 때 내게 스쿠버 다이빙 자격증을 발급해 준 강사가 해준 말이다. 오래전 일이지만 그의 조언은 정확히 기억난다. 나는 이 말을 몇 년간 되새겼다. 공책에 기록하기도 했다. 그의 조언이 내 머릿속에 머문 이유는 간단하면서도 깊이가 있기 때문이었다. 그리고 이 말을 해준 강사가 잘생기기도 했다.

이제 그 강사는 1,000살쯤 되었을 테고 SNS는 전혀 안 하는 듯하지만, (왜? 뭐가 어때서? 글을 잘 쓰는 사람은 늘 집요하게 조사하는 자세를 유지해야 한다고!) 난 여전히 그의 말을 떠올린다. 그의 조언은 내가 작가이자 코미디언으로서 경력을 쌓는 동안 종종 도움을 주었다.

배울 것도, 발견할 것도, 올라야 할 산도 늘 있다. 물론 세상에 산적해 있는 온갖 정보들을 떠올리면 때로는 스트레스를 받지만, 그보다 더 자주 신이 나고, 단단해지고, 힘이 생긴다.

운 좋게도 나는 새로운 아이디어가 지속적으로 필요한 분야에서 일한다. 스탠드업 코미디를 기획하기 위해 새 아이디어가 늘 필요하기도 하고, 미국공영라디오 방송국의 퀴즈 프로그램 「다른 질문 주세요Ask Me Another」의 작가로 일하며 새롭고 흥미롭지만 금방 잊히는 토막 지식을 찾아야 했다. 그렇게 얻은 결과로 이 책을 쓰게 되어 매우 기쁘고, 격동의 시기에 기분 좋은 사실을 조사할 수 있어 감사하다.

모든 뉴스가, 모든 역사가, 모든 정보가 부정적으로 보일 때가 자주 있다. 나쁜 소식만 잔뜩 들어있는 상자 안에 갇힌 느낌이 들 때면, 난 생산적이지도 않고 건강하지도 않은 불안 상태에 빠져 우울해지고 전전긍긍하게 된다. 덜덜 떠는 흙탕물 인간이 되는 것이다. 대체 이 세상에 좋은 게 남아 있기는 한지 의문을 품게 된다. 하지만 지금은 기쁜 마음으로 "좋은 건 남아 있다"고 말할 수 있다.

조사를 하면서 나는 우리가 사는 세상에 존재하는 친절, 아

들어가며

름다움, 공감, 유머, 회복력, 경이로움, 어리석음, 귀여움, 강인함, 희망, 그리고 환희를 발견했다. 정말 끝내주게 감사한 일이다.

이 책을 읽는 당신에게도 감사하다. 내가 가장 좋아하는 잡학뿐만 아니라 진정한 전문가들, 평범한 사람들 사이에 껴서 잘난 체하는 사람들, 퀴즈쇼 「제퍼디!Jeopardy!」 참가자들이 알려주는 소중한 정보를 수록한 이 책을 읽기로 결정해주어서 감사하다.

이 책을 쓴 목적은 두 가지이다. 이 책을 읽을 때마다 당신을 하루치씩 더 똑똑하게 만드는 것, 그리고 긍정적인 방향으로 당신의 뇌를 밝히는 것이다. 우리가 사는 세계의 모든 문제를 외면할 수도 없고 외면해서도 안 되지만, 좋은 이야기를 접하는 것은 도움이 되고, 마음을 차분하게 하며, 영감을 준다. 지금 우리 모두에게는 좋은 이야기가 필요한 것 같다.

실패와 거절

"기분을 업 시켜 주는 가벼운 책일 줄 알았는데?" 당신을 비웃는 고양이 앞에서 이렇게 말하는 독자가 있을지도 모른다. 맞다, 이 책은 그런 책이다! 위대한 영웅들도 거절당한 적이 있다는 사실만큼 위안을 주는 게 또 있을까? 누구나 실패할 수 있다는 사실을 받아들이면 거절이 덜 무섭고 덜 고통스러워진다.

이 장은 특히 나에게 소중한 내용이다. 몇 해 전, 뼈 아픈 거절을 당한 후 나는 새해 목표로 직업과 관련한 실패사례 100가지를 모으기로 했다. 그래서 100개를 다 모았느냐고? 아니, 107개나 모았다. 나는 이 실패 프로젝트에 관한 글을 「뉴욕타임스」에 올렸고 「투데이」 쇼에 출연해 이 프로젝트를 소개하기도 했다.

이제는 독자를 위해 이 책을 쓰고 있다. 내가 늘 꿈꿔왔던 일이기도 하다. 난 내가 아는 그 누구보다 거절을 많이 당했지만 더 이상 창피하지 않다. 나의 삶과 커리어는 실패 덕에 나아졌기 때문이다. 앞으로도 수많은 거절과 마주하겠지만, 그 끝에는 영광스러운 성공이 뒤따를 것이다. 그리고 실패할 때마다 아래 사실 중 하나를 떠올리며 위안 삼으려고 한다.

- 스누피 캐릭터로 유명한 만화 「피너츠」를 그린 찰스 슐츠의 그림은 고등학교 졸업 앨범에 실리지 못했다.

- 오프라 윈프리는 업무에 감정을 너무 쏟는다는 이유로 첫 직장인 볼티모어 방송국의 뉴스 진행자 자리를 잃었다.

- 지젤 번천은 본격적으로 모델 일을 시작하기 전에 모델 에이전시 마흔두 곳에서, 타이라 뱅크스는 여섯 곳에서 거절당했다.

- 『모자 쓴 고양이』와 『그린치』로 유명한 미국의 그림작가 닥터 수스의 첫 번째 책 『멀버리 가에서 일어난 일이라니 And to Think It Happened on Mulberry Street』는 출판사 스물일곱 곳에서 거절당했다.

- BBC 선정 21세기 최고의 드라마 2위로 선정된 「매드 맨」은 미국의 케이블 방송국 AMC가 발굴해주기 전까지 HBO와 쇼타임에서 무시당한 적이 있다.

- 미국의 시인 E. E. 커밍스는 자기 작품을 거절한 출판 사 열네 곳에 바치는 시집 『거절합니다No Thanks』를 발표 했다.

- 영화감독 스티븐 스필버그는 영화예술대학으로 유명 한 서던캘리포니아대학교에서 세 번이나 입학을 거부당 했다.

- 가수 엘비스 프레슬리는 고등학교 음악 과목에서 낙제 했다.

- 2012년에 또다시 오디션에서 떨어져 바닥을 친 배우 우 조 아두바는 울면서 집으로 돌아가는 길에 대안으로 남 겨 둔 법대에 갈 때가 되었다고 생각했다. 그러나 45분 후 드라마 「오렌지 이즈 더 뉴 블랙」의 수잰 역을 맡아달라 는 연락이 왔고, 이 작품으로 에미상을 수상했다.

- 빌보드와 그래미에서 수상한 가수 샤키라는 초등학교 합창단에도 들어가지 못했고 동급생들은 샤키라가 염소처럼 노래 부른다며 놀렸다.

- 아인슈타인은 네 살이 될 때까지 말을 하지 못했고 아홉 살이 되어서야 능숙하게 말할 수 있었다.

- 레이디 가가, 데스티니스 차일드, 브루노 마스, 케이티 페리는 모두 음반 회사에서 계약을 거절당한 적이 있다.

- 미국의 시인 에밀리 디킨슨이 쓴 1,800편이 넘는 시 중에서 그녀의 생전에 발표된 시는 고작 열 편뿐이다. 오늘날에는 디킨슨의 작품만을 위한 기념관이 있다.

- 영화 「로미오와 줄리엣」과 「스타더스트」로 인기를 끌었던 배우 클레어 데인스는 드라마 「홈랜드」에서 주인공 역할을 맡기 전 2년 동안 아무런 배역도 맡지 못했다. 「홈랜드」에 캐스팅되지 않았다면 배우를 그만두고 인테리어 디자인 일을 했을지도 모른다.

실패와 거절

- 미국의 18대 대통령 율리시스ulysses S. 그랜트가 어렸을 때 그의 아버지는 그를 '쓸모없는 녀석useless'이라고 불렀다.

- 오디션이 끝난 후 캐스팅 담당자는 흑인 배우 시드니 포이티어에게 남의 시간을 낭비하게 하지 말고 식당에서 설거지나 하라고 했다. 그러나 그는 훗날 흑인 최초로 아카데미 남우주연상을 받게 되었다.

- 세계적인 패션 디자이너 베라 왕은 1968년 올림픽 피겨 스케이팅팀에 들어가지 못했고, 「보그」의 편집장 자리도 얻지 못했다. 그러다 40대때 본격적으로 웨딩드레스 디자인을 시작했고 끝내 세계적인 패션 디자이너가 되었다.

- "연기도 못하고 노래도 못함. 탈모 진행 중. 춤은 좀 춤." 영화 역사상 최고의 댄서 겸 배우로 꼽히는 프레드 아스테어가 데뷔 초창기에 스크린 테스트를 받은 후 받은 코멘트이다.

- 하버드대 입시에 불합격했는가? 흙수저 출신이라면 마

음 상할 필요는 없다. 2019년 하버드 입학생 중 29%는 하버드 졸업생 집안 출신이었으니 말이다.

- 월마트 채용에서 떨어졌는가? 사실 월마트의 채용 경쟁률은 하버드 입시 경쟁률보다 더 높다. 하버드는 응시자의 4.5%를 뽑지만, 월마트는 응시자의 2.6%를 뽑는다.

- 미국 대통령이 되기 전, 토머스 제퍼슨은 익명으로 백악관 건축설계도를 제출한 적이 있다. 제안은 받아들여지지 않았다.

- 작가 허먼 멜빌은 1851년에 출판사로부터 『모비 딕』 출간 거절 편지를 받았다. 내용은 다음과 같았다. "우선 작가님께 여쭤보고 싶군요. 왜 고래여야만 했나요? 다소 난해하지만 재미는 있네요. 하지만 젊은 독자에게 좀 더 친숙한 느낌의 악당을 등장시킬 것을 조언합니다. 예를 들어 선장이 젊고 관능적인 아가씨들을 향한 욕망으로 몸부림치게 할 수는 없을까요?"

- 새해 목표 달성에 실패한 적이 있다고 해서 다른 사람들

보다 열등하다고 생각하지 않기를 바란다. 오직 8%만이 해가 바뀌기 전에 새해 목표를 달성하니까 말이다.

- 1962년 데카레코드라는 대형 음반 회사에서 오디션을 본 비틀즈는 "쇼비즈니스에서 성공할 가능성이 없다"라는 말을 들었다. 그로부터 2년이 채 지나기도 전에 비틀즈는 엄청난 성공을 거두었다.

- 캐나다 시트콤 「시트 크릭」에서 알렉시스 로즈 역을 맡기 전, 애니 머피는 거의 2년간 아무런 배역을 따내지 못했고 살던 아파트에 불이 난 적도 있으며, 통장 잔액이 3달러뿐일 때도 있었다.

- 스티븐 킹의 소설 『캐리』가 출판사 서른 군데에서 외면당하자 그는 원고를 그대로 쓰레기통에 버렸다. 원고를 찾아낸 스티븐 킹의 아내는 다시 제출해보라고 그를 설득했다. 결국 이 작품은 더블데이 출판사에서 출간되어 400만 부가 넘게 팔렸다.

이제 다시 도전할 용기를 얻었는가? 성공한 사람들이 그들의 성취와 더불어 실패에 관해 말할 때 더 호감이 가는 법이다.

실패와 거절

음악

이번 장은 나처럼 내면에 갇힌 음악 여신을 밖으로 꺼내기 위한 시도에 실패한 모든 이를 위해 준비했다. 어렸을 때 나는 여러 피아노 선생님을 실망시켰고 참여했던 모든 연주회에서 실수를 연발했다. 대학 시절 드럼 선생님은 박자 감각이 없는 사람에게 타악기 연주를 가르치는 것은 불가능하다고 말했다. 가혹하지만 맞는 말이었다.

실력은 서툴러도 나는 음악을 즐기는 사람이기 때문에 한 전문가에게 연락해 음악에 관한 제대로 된 정보를 달라고 부탁했다. 다음은 「빌보드」의 편집자 조 린치가 전해준 음악과 관련된 흥미로운 사실들이다.

"싱어송라이터 리틀 리처드는 자기보다 더 멋진 모습을 보였다며 같은 밴드에 있던 기타리스트 지미 헨드릭스를 내쫓았어요."

"가수 프린스의 히트곡 「Purple Rain」은 그가 싱어송라이터 밥 시거 스타일로 곡을 만들려다가 나온 노래지요."

"여럿이 함께 노래를 부르면 정신 건강을 유지할 수 있고 더 나아가 개선할 수도 있답니다."

음…. 물론 나랑 노래를 부르는 건 예외일 수 있다. 나와 함께 노래를 부르면 우울해질 수도 있다. 요점에서 벗어나는 얘기는 여기까지.

- 음악 시상식의 한 부문으로 자리잡은 '송 오브 서머song of summer'라는 개념은 1900년대 초반부터 있었다. 1909년에 나온 히트곡인 「My Wife's Gone to the Country! (Hooray! Hooray!)」와 1923년에 발표된 더운 계절에 어울리는 밥bop: 초기 모던 재즈의 한 형식 장르의 곡 「Yes! We Have No Bananas」가 신문에 '송 오브 더 서머'라는 제목으로 보도되기도 했다.

- 빌보드 핫100 차트는 1958년 8월에 처음 발표되었다. 첫 1위를 차지한 곡은 리키 넬슨의 「Poor Little Fool」이었다.

음악

- 캐나다 우주비행사 크리스 해드필드는 2013년 우주에서 음반을 녹음했다. 앨범 명은 「Space Sessions: Songs from a Tin Can」으로, 록 가수 데이비드 보위의 「Space Oddity」를 커버한 곡도 실려 있다.

- 래퍼 릴 웨인은 데뷔 초에 자신이 존경하는 음악가인 펌프대디를 예우하면서 동시에 자신의 작은 키를 인정하는 의미로 슈림프(새우)대디라는 예명을 썼다. 이후 1990년 중반에 지금의 예명인 릴 웨인으로 바뀼다.

- 배우이자 가수인 도널드 글로버는 랜덤 이름 생성 사이트에서 차일디시 감비노라는 예명을 얻었다.

- 베토벤은 작곡할 때마다 머리 위에 얼음물을 쏟아붓는 것으로 시작했다.

- 영국의 과학산업박물관 연구원들에 의하면 역사상 가장 귀에 잘 들어오는 노래는 스파이스 걸스의 「Wannabe」 이다. 가수 루 베가의 「Mambo No. 5」는 귀에 가장 잘 들어오는 노래 넘버 2이다.

- 빌리 아일리시는 21세기에 태어난 아티스트 중 자신의 앨범을 빌보드200 차트 1위에 올린 첫 번째 가수이다. 그 앨범은 바로 2019년에 발표한 「When We All Fall Asleep, Where Do We Go?」이다.

- 자기 콘서트 맨 앞자리에 지루해하는 부자들이 앉아있는 걸 보는 것이 지겨웠던 가수 빌리 조엘은 해당 좌석표 판매를 중단하고 열성적인 팬들을 찾아 가장 좋은 좌석에 앉게 했다.

- 록밴드 패닉 앳 더 디스코는 펑크 록 밴드 블링크-182를 커버하는 밴드로 활동을 시작했다.

- 1989년 가수 윌 스미스와 디제이 재지 제프는 「Parents Just Don't Understand」로 베스트 랩 퍼포먼스 부분에

음악

서 수상했지만 그래미가 해당 부분을 TV에 방영하지 않는다는 사실에 항의하며 시상식에 불참했다. 이듬해 그래미 측은 방송에 베스트 랩 퍼포먼스 부문을 포함했다.

- 피아노에서 작동하는 부품은 총 7,500개이다.

- 「징글벨」은 원래 크리스마스가 아니라 추수감사절 시즌에 부르려고 만든 노래였다. 이 노래에서 나오는 '벨'은 산타가 끄는 썰매에 달린 종이 아니라 19세기에 대중적인 취미활동이었던 썰매 경주에서 사용한 종을 가리켰다.

- 전자기타로 유명한 회사 펜더의 창립자인 리오 펜더는 기타를 칠 줄 몰랐다.

'디트로이트 남쪽에서 태어난 남자'의 비밀

밴드 저니의 명곡 「Don't Stop Believin'」에 등장하는 '디트로이트 남쪽에서 태어나고 자란 도시 남자Just a city boy born and raised in south Detroit'는 캐나다인이 분명하다. 디트로이트에는 '남쪽'이라고 할 만한 지역이 없기 때문이다. 디트로이트 중심지 남쪽에는 디트로이트강이 있고 그 너머에는 캐나다 온타리오주 윈저가 있다.

- 가수 재니스 조플린은 사망하기 이틀 전 유서 내용을 바꿔 자기가 죽으면 200명이 술집에서 파티를 열 수 있도록 2,500달러를 할당했다. "내가 떠나고 나서 친구들이 신나게 즐길 수 있도록" 말이다.

- 미국의 국가인 「The Star-Spangled Banner」의 원곡은 18세기 영국에서 부르던 권주가인 「The Anacreontic Song」이다. 원곡의 가사는 매 절이 첫 번째 절과 유사하게 끝이 난다. "나처럼 이렇게 꼬아보게. 비너스의 허브와 바쿠스의 포도나무 덩굴을 I'll instruct ye, like me, to entwine, The myrtle of Venus with Bacchus's vine."

- 가수 리조Lizzo의 예명은 제이 지의 곡 「Izzo」에서 따온 것으로, 그녀가 중학교 시절에 좋아한 곡이다.

- 한편 레이디 가가의 예명은 1984년에 발표된 퀸의 노래 제목 「Radio Ga Ga」에서 따왔다.

- 동요 「비행기」의 원곡 「Mary Had a Little Lamb」은 메리 소여라는 소녀의 오빠가 메리에게 양을 학교에 데리고

가라고 한 실제 일화를 바탕으로 만든 노래라고 한다.

• 로큰롤의 대모로 불리는 시스터 로제타 사프는 음반을 낸 첫 가스펠 가수이다. 1930년대부터 1970년대까지 활동했으며 히트송으로 「Rock Me」와 「This Train」이 있다.

• 팝가수 테일러 스위프트는 2009년 MTV 비디오 뮤직 어워드 베스트 여성 뮤직비디오상 수상 소감 중에 난입한 칸예 웨스트와 함께 찍은 사진을 액자에 걸어두고 '인생은 작은 방해들로 가득하다'라고 써두었다.

• 신속한swift 테일러 스위프트Taylor Swift 얘기가 나와서 좀 더 얘기하자면 2014년에 그녀가 실수로 캐나다 아이튠즈에 8초짜리 백색 소음 파일을 올린 일이 있었는데, 이 파일은 삭제되기 전에 아이튠즈 차트에서 신속하게 1위에 올랐다.

• 옥스퍼드 영어 사전에 등재된 단어 '멀렛mullet: 앞은 짧고 옆과 뒤는 긴 남성 헤어스타일을 가리키는 단어'은 힙합 그룹 비스티 보이즈가 만든 단어이다. 추가로, 이들의 1986년 히트송

인 「(You Gotta) Fight for Your Right (To Party!)」은 원래 파티에 열광하는 사람들을 풍자할 목적으로 만든 곡이었는데, 오히려 파티광들을 대표하는 곡이 되었다.

• 일본에서는 경찰을 비롯한 많은 근로자들이 흰 장갑을 낀다. 일본 황실근위대는 1960년대 이전부터 이 전통을 이어왔고, 다른 경찰들은 1966년 비틀스가 도쿄에서 공연했을 때부터 장갑을 끼기 시작했다. 공연장이 여성 관람객으로 가득 찰 거라 예상한 공연 안전 책임자는 무질서한 군중을 제지해야 할 경찰들에게 흰 장갑을 끼고 예의를 차리라고 했다.

• 비틀스의 곡 「A Day in the Life」에는 개에게만 들리는 휘파람 소리가 들어가 있다.

• 변기에서 물 내리는 소리는 대부분 E플랫 음을 낸다.

음악

- 로큰롤 명예의 전당에 이름을 올린 첫 번째 여성은 1987년에 입성한 아레사 프랭클린이다.

- 팝스타가 되기 전, 셀레나 고메즈와 데미 로바토는 어린이 프로그램 「바니와 친구들」에 아역 배우로 함께 출연하여 디즈니채널 간판 스타로 활약했다.

- 래퍼 투팍은 셰익스피어의 거친 스토리텔링에서 영감을 받아 가사를 썼다고 밝혔다. 1996년 이 천재 래퍼이자 작사가가 죽자 그의 힙합 그룹인 아웃로우즈는 그의 유골로 담배를 말아 피웠다.

- 록밴드 레드 핫 칠리 페퍼스의 리드 보컬 앤소니 키에디스는 2016년 제임스 코든이 진행하는 「더 레이트 레이트 쇼The Late Late Show」의 코너 카풀 가라오케를 촬영하던 중에 숨을 쉬지 못하는 아기를 안은 한 어머니로부터 도움 요청을 받았다. 그는 구급차가 올 때까지 아기에게 심폐소생술과 배 마사지를 하며 숨이 끊어지지 않도록 했다.

- 가수 빅 마마 손튼은 엘비스 프레슬리의 히트곡 「Hound

Dog」와 재니스 조플린의 히트곡 「Ball and Chain」의 원
곡자이다.

• 래퍼 릴 나스 엑스의 「Old Town Road」는 빌보드 핫
100 차트 역사상 가장 오래 1위를 차지한 곡이다. 이 곡
은 빌리 아일리시의 「Bad Guy」에게 1위 자리를 내주기
전까지 무려 19주간 정상을 기록했다. 루이스 폰시와 대
디 양키가 함께 부르고 저스틴 비버가 피처링에 참여한
「Despacito」와 머라이어 캐리, 보이즈 투 맨이 부른 90년
대 히트곡 「One Sweet Day」가 세운 16주 1위를 깨뜨린
기록이었다.

• 프레디 머큐리가 사용했던 침대 사이즈는? 퀸이다. 또한
그는 치아가 정상 개수보다 네 개 더 있어 앞니가 돌출되
었지만 목소리에 영향을 줄까 봐 뽑지 않았다.

세계적 팝스타(?) 지미 카터

미국 39대 대통령 지미 카터는 엘비스 프레슬리와 같은 숫자의
그래미상을 받았다. 그는 낭독앨범으로 총 세 개의 그래미를 수상
했다.

음악

- 뇌에 손상을 입은 사람에게 평소 좋아하던 음악을 들려주면 기억을 되찾는 데 도움이 될 수 있다.

- 래퍼 제이 지는 전설적인 래퍼 노토리어스 비아이지, 버스타 라임즈와 같은 고등학교를 다녔다. 제이 지와 버스타는 학교 식당에서 랩배틀을 한 적도 있다. 억만장자 가수이면서 레코딩회사 경영자, 창업가인 제이 지는 「지미 키멜 라이브!Jimmy Kimmel Live!」 쇼에서 이 배틀의 승자가 자신이라며 넌지시 이 일화를 언급했다.

- 무관無冠의 블루스 여왕으로 불리는 가수 아이다 콕스는 1960년대라는 이른 시기에 페미니스트 찬가인 「Wild Women Don't Have the Blues」를 썼다. 그녀가 세상을 떠나고 50년도 더 지난 후인 2019년에 마침내 블루스 명예의 전당에 올랐다.

- 1984년에 발매된 가수 브루스 스프링스틴의 앨범 「Born in the U.S.A.」는 미국에서 CD 형태로 발매된 최초의 앨범이다.

퀴즈

당신의 상식을 늘리는 데 도움이 되도록 몇 가지 퀴즈를 만들어 보았다. 가족이나 친구들과 함께 하는 퀴즈 게임의 밤을 계획하고 있다면 여기 있는 내용을 참고해도 좋다.

첫 번째 퀴즈는 유명한 가수나 그룹을 가리키는 제시어를 보고 가수명을 맞히는 게임이다. 예를 들어, 제시어가 '사각형으로 얼린 물'이라면 답은 미국의 래퍼 겸 배우인 아이스큐브 Ice Cube다. 참고로 다양한 세대의 여러 가수가 등장하기 때문에 모든 참가자의 세대에 속하는 가수가 분명 있을 것이다. 이제 게임을 시작해 보자.

Q 1 해변가의 남자아이들

Q 2 운명의 아이

Q 3 교활하면서 핏줄로 맺어진 돌멩이

Q 4 진홍색이고 열을 올려주는 가지과 열매들

Q 5 수컷 오리

Q6 가장 높은 사람들

Q7 한 가지 지시사항

Q8 위장한 사람들

Q9 체스에서 가장 강력한 말

Q10 염화나트륨, 그리고 상록덩굴식물과의 향신료

예술

메이크업보다 더 예술성이 뛰어난 것이 있을까? 이탈리아의 시스티나 성당이라고? 그래, 인정한다. 하지만 메이크업 또한 뛰어난 예술이라는 사실을 미국 팝아트의 거장 앤디 워홀은 알고 있었다. 뉴욕 메이크업박물관 상임이사 도린 블로흐는 이렇게 설명한다.

"팝아티스트 앤디 워홀은 세계적으로 유명하죠. 하지만 그에게 드렐라라고 하는 드래그퀸drag queen: 화장과 의상으로 과장된 여성성을 보여주는 남성 자아가 있었다는 사실은 많이 알려지지 않았어요. 그는 1981년에 자기 분신을 묘사하는 여러 초상화를 만들었어요. 드렐라는 드라큘라와 신데렐라를 합친 것인데, 서로 상반되는 자신의 두 내면을 드러내려고 만든 말이지요."

그 말을 듣고 난 후 나는 영화 「욕망이라는 이름의 전차」의 드래그 버전을 상상하는 것을 멈출 수가 없다. "드렐라!!!"

• 워홀 얘기가 나왔으니 덧붙이자면, 워홀과 자주 작업했던 신표현주의 그래피티 아티스트 장 미셸 바스키아는 스물한 살에 독일 카셀에서 개최하는 권위있는 국제미술전람회 카셀도쿠멘타전에 출품한 최연소 아티스트가 되었다. 바스키아는 나중에 펑크밴드 블론디의 「Rapture」 뮤직비디오에 출연하기도 했다.

• 2018년 소더비 경매에서 얼굴 없는 예술가 뱅크시의 작품 「풍선과 소녀」가 140만 달러에 낙찰됐다. 이 작품은 낙찰되자마자 작품 안쪽에 숨겨져 있던 파쇄기가 작동되며 갈기갈기 찢겼다.

• 루브르 박물관에 전시된 다빈치의 작품 「모나리자」는 너무나 유명한 나머지 팬레터를 받기 위한 전용 우편함이 마련되었다. 또한 다빈치의 「살바토르 문디」는 2017년 경매에서 4억5,000만 달러에 낙찰돼 역사상 가장 비싼 그림으로 기록되었다.

- 세라 라마라는 영국 여성은 코로나19 팬데믹 기간에 자기 집 맞은편에 있는 버스정류장을 어린이들의 미술품 전시장으로 꾸몄다. 같은 동네에 사는 아이들이 색색으로 꾸민 그림을 제공했고 그녀는 그 그림들을 버스 정류장 벽에 걸었다.

- 1912년부터 1948년까지 올림픽 종목에는 그림 그리기도 있었다.

- 화가 살바도르 달리는 간혹 수표 위에 낙서를 하기도 했다. 수령인은 수표를 현금화하지 않고 간직하거나 예술품으로 팔기도 했다.

- 2016년 시카고미술관은 빈센트 반 고흐의 대표작 「아를의 침실」을 실제 침실로 재현했다. 붓질부터 하나하나 그림과 똑같이 표현하여 실물 크기로 만든 이 방은 에어비앤비에서 1박당 10달러에 예약을 받기도 했다.

- 빈센트 반 고흐와 관련된 또 다른 사실. 고흐가 「별이 빛나는 밤」을 그린 것은 정신병원에 있을 때다.

예술

- 그래피티graffiti와 거리 미술street art은 다른 개념이다. 그 래피티는 다른 그래피티 예술가들을 겨냥해서 만든 작품 으로 대중의 시각에서는 이해가 되지 않을 수 있다. 한편 거리 미술은 대중에게 보여주기 위해 그린 작품이다.

- 현대 그래피티는 1960년대 필라델피아의 어느 사랑 이야 기와 함께 시작되었다. 대릴 콘브레드 매크레이라는 십대 소년이 필라델피아 북쪽 지역에서 "콘브레드는 신시아를 좋아한대요"라고 낙서를 하고 다녔다. 짝사랑하는 소녀 의 관심을 얻기 위해서였다. 작전은 성공적이었다. 둘의 관계를 못마땅하게 여긴 신시아의 부모가 딸을 전학시키 기 전까지 둘은 만남을 이어갔다. 훗날 콘브레드는 마이 클 잭슨과 형제들이 결성한 그룹 잭슨파이브의 전용기에 도 그래피티를 남겼다.

- 미켈란젤로의 다비드상 제작을 후원한 이탈리아 피렌체 시장은 다비드의 코가 너무 크다고 지적했다. 전해지는 말에 따르면 젊은 미켈란젤로는 다비드상에 올라가 대리 석 가루를 흩뿌리며 다비드의 코를 깎는 '척'했고 시장은 '줄어든' 코를 보고 만족해했다.

- 한국의 화가 김동유는 작은 크기로 만든 유명인의 초상화로 다른 유명인의 초상화를 만든다. 예를 들어 작은 크기의 존 F. 케네디 초상화 여러 개를 모아 마릴린 먼로의 얼굴을 표현했고, 작은 크기의 김정은 초상화로 도널드 트럼프의 초상화를 만들었다.

- 프랑스 화가 이브 클랭은 주로 파란색을 사용하여 작업했는데, '인터내셔널 클랭 블루IKB; International Klein Blue'라는 새로운 색을 만들기까지 했다. 1958년, 그의 작품을 보기 위해 파리 전시회를 찾은 3,000명의 관객은 텅 빈 전시장으로 안내되어 드라이진으로 만든 칵테일 잔을 받았다. 어리둥절해진 관객들은 얼마 후 그때 마신 칵테일에 인터내셔널 클랭 블루 색소가 들어있었다는 것을 알게 되었다. 이후 일주일간 파란색 소변을 보았기 때문이다.

- 꽃과 자연을 그린 미국 화가 조지아 오키프는 「뉴욕타임스」 예술 평론가에게 이렇게 말한 적이 있다. "난 꽃이 싫어요. 내가 꽃을 그리는 이유는 모델보다 저렴하고 움직이지 않기 때문이에요."

- 미국 미술관이 다양성을 갖추기 위해서는 아직 갈 길이 멀다. 미술관 전시 작품을 만든 예술가나 미술관 직원의 피부색을 보면 말이다. 하지만 직원 구성 비율은 전세계 인종 비율에 점점 가까워지기 시작했다. 2015년 기준 미국 미술관에서 근무하는 직원 중 유색인의 비율은 26%였고, 2019년에는 36%로 증가했다.

- '빛의 화가'라 불리는 클로드 모네는 말년에 백내장에 걸려 파란색과 보라색을 구분할 수 없었고 앞을 선명하게 볼 수도 없었다. 하지만 그는 예술 작업을 멈추지 않았고, 오히려 이러한 시력 변화가 그만의 독창적인 작품 세계를 열어준 것으로 평가된다.

- 기원전 5세기에 제욱시스라는 그리스 화가가 웃다가 사망하는 일이 있었다고 한다. 제욱시스는 이상하게 생긴 늙은 여자를 아프로디테 여신으로 그려달라는 의뢰를 받았다. 그는 완성한 그림을 살펴보다가 웃음이 터졌고, 웃음을 멈추지 못한 채 그대로 세상을 떠났다.

- 2016년 러시아에서 누군가 구 소련의 상징인 붉은별 동

상을 만화 「네모바지 스폰지밥」에 나오는 불가사리 캐릭
터 뚱이로 칠한 적이 있다. 범인은 잡히지 않았다.

- 2017년 스코틀랜드 로버트고든 대학교 학생들은 예술품
  전시회장에 있는 탁자 가운데에 파인애플 하나를 올려놓
  았다. 파인애플이 예술작품으로 통하는지 확인하기 위해
  서였다. 4일 후 그들은 파인애플이 예술품 대접을 받게
  된 것을 볼 수 있었다. 파인애플이 유리 상자 안에 전시되
  어 있었던 것이다.

- 프리다 칼로는 의사가 될 계획으로 열여섯 살에 명망있
  는 대학교에 입학했다. 하지만 쇠막대가 골반을 관통하는
  끔찍한 버스 사고로 목숨을 잃을 뻔했다. 칼로는 서른 번
  이 넘는 수술을 받고 몸을 회복하는 동안 그림을 그리기
  시작했다.

- 이것은 가장 영국다운 일이 아닐까 싶다. 2002년 앤디 브
  라운이라는 예술가가 티백 1,000개를 이어 붙여 엘리자
  베스 여왕 2세의 초상화를 만들었다.

예술

- 2011년에는 배우 제임스 프랭코가 '공기로 만들어 눈에 보이지 않는 조각상'을 1만 달러에 팔았다.

- 세계에서 가장 오래된 구상화(구체적인 사물을 그린 그림으로 추상화와 반대되는 개념)는 소를 그린 그림으로, 4만 년에서 5만 2,000년 전에 그려진 것으로 추정된다. 학자들이 2018년 인도네시아 정글에서 이 그림을 발견했다.

- 18세기 말에서 19세기 초 특정 사회에서는 자신의 눈을 그린 작은 그림을 보석에 장식하여 연인에게 선물하는 게 유행이었다. 부자일수록 '연인의 눈' 장신구를 많이 가지고 있었다.

- 피카소는 럼프라는 이름의 반려견 닥스훈트를 자주 그렸다. 1973년 럼프가 죽은 지 일주일 후에 피카소도 세상을 떠났다. 피카소는 91세였고 럼프는 17세였다.

스포츠

스포츠! 스포츠는 아주 짜릿한 주제이면서, 가족 모임에서 꺼내도 안전한 이야깃거리이다. 나는 이 사실에 영원히 감사할 것이다. 하지만 이런 내 열정은 ESPN과 아이비리그 네트워크 방송국 해설가 노아 새비지에 비하면 보잘것없다. 그가 손꼽는 스포츠 지식 중 몇 가지를 소개한다.

"농구선수 잭 트와이먼은 1958년에 있었던 경기 중에 심한 뇌손상을 입은 모리스 스톡스를 보살폈습니다. 스톡스는 사상 최고로 꼽히는 유명 선수였죠. 하지만 다치고 난 후에 크게 쇠약해졌어요. 스톡스의 치료비를 모금하려고 캣스킬스의 쿳쳐 호텔에서 자선 경기를 치르기 시작했는데 이 자선 경기는 나중에 NBA의 대스타들이 모두 참여하는 연례행사로 확장되었지요. 동료 선수들에 따르면 같이 경기를 뛰던 시절 트와이먼과 스톡스는 그다지 사이가 좋지 않았다고 해요. 하지만 트와

이먼은 스톡스를 챙기고 보살핀데다 스톡스가 1970년 세상을 떠날 때까지 법적대리인 역할도 했어요."

"키 231cm로 NBA에서 가장 큰 선수 중 한 명인 마누트 볼은 덩크를 시도하다가 농구대에 부딪혀 이가 깨졌어요."

하지만 더 놀라운 사실은 이가 깨졌어도 경기를 계속 이어 갔다는 사실이다. 다음 이야기들도 놀랍기는 마찬가지다.

- 테니스 선수 세레나 윌리엄스는 그랜드슬램을 무려 스물 세 번이나 달성했다. 이는 역사상 그 누구도 이루지 못한 기록이다. 게다가 호주오픈대회 우승 당시 그녀는 임신 중이었다.

- 1900년부터 1920년까지 줄다리기는 올림픽 종목이었다.

- 전설적인 야구선수 베이브 루스는 열을 식히기 위해 모자 아래에 양배추 잎을 넣고 경기를 했다고 한다. 2005년에 한국 프로야구의 스타 투수 박명환 선수가 이 방법을 따라 했지만 한국야구위원회에서는 이를 금지했다.

- 아이스 스케이트는 바퀴만큼이나 역사가 긴 발명품이다. 기원전 2000년에 만들어진 것으로 추정되는 스케이트 한 쌍이 핀란드에서 발견되었다.

- 단거리 달리기 선수인 윌마 루돌프는 어렸을 때 소아마비, 폐렴, 성홍열을 앓았고 그 후유증으로 다리 보조기를 사용해야만 했다. 그럼에도 그녀는 1960년 올림픽 육상 종목에서 금메달 세 개를 획득한 첫 번째 미국 여성 선수가 되었다.

- 미국 슈퍼볼에서 두 번이나 MVP가 된 최고의 미식축구 선수 일라이 매닝의 본명은 다소 사랑스러운 엘리샤이다.

- 평균 세 시간 정도 진행되는 메이저리그 야구 경기에서 선수들이 실제로 뛰는 시간은 18분밖에 안 된다.

- 올림픽 경기에서 두 차례 메달을 딴 여자 축구선수 애비 웜바크는 축구선수로는 처음으로 2011년 AP통신이 선정한 올해의 선수로 뽑혔다.

- 슈퍼볼 경기가 끝난 다음 날에는 대략 1,700만 명의 미국 인이 휴가나 병가를 내거나 무단결근한다.

- 차가운 공기는 따뜻한 공기에 비해 밀도가 높다. 그래서 추운 날에는 골프공이 평소만큼 멀리 날아가지 못한다.

- 농구선수 리사 레슬리는 2002년 WNBA 경기에서 여성 선수로는 처음으로 덩크슛에 성공했다.

- 필라델피아 부동산 개발업자들 사이에는 시청 건물 꼭대 기에 있는 영국 신대륙 개척자 윌리엄 펜 동상보다 건물 을 높게 지으면 도시에 저주가 내린다는 미신이 있었다. 그런데 1987년에 동상 위치보다 더 높은 건물이 세워졌 다. 그래서였는지 이후 연고지가 필라델피아인 어떤 스포

짐 브라운과 마이클 조던의 공통점

최고의 미식축구선수 짐 브라운과 농구선수 마이클 조던은 생일이 2월 17일로 같다. 물론 태어난 해는 다르지만, 둘은 각자의 종목에 서 최상의 자리에 (아마도 역사상 최고의 자리에) 도달했다는 공통점 도 가지고 있다.

츠팀도 경기에서 우승을 차지하지 못했다. 그러다 2008
년에 컴캐스트 센터라는 가장 높은 빌딩을 새로 짓고 거
기에 윌리엄 펜 동상을 하나 올리자 그해 프로야구 월드
시리즈에서 필라델피아 필리스가 우승을 차지했다. 2018
년, 더 높은 컴캐스트 빌딩이 세워졌고 꼭대기에는 당연
히 펜 동상이 올라갔다. 그해 슈퍼볼 우승팀은 필라델피
아 이글스였다.

• '정강이 차기 대회'는 16세기 영국에서 시작된 실제 스포
츠이다. 오늘날에도 영국에서는 이 대회가 열린다.

• 스위스에 본부가 있는 국제경기연맹총연합회에서는
2017년에 테이블 축구, 포커, 폴댄스에 옵서버 자격을 부
여했다. 옵서버는 올림픽 정식종목에 채택되기 위한 첫
번째 단계이다.

• 미국 우주비행사 수니타 윌리엄스는 우주에서 마라톤에
참가한 첫 번째 참가자이다. 해당 경기는 2007년 보스턴
마라톤이었다.

- 2004년 ESPN 창사 25주년 이후 매년 미국에서 태어나는 아기들 중 몇몇에게는 에스핀ESPN이라는 이름이 붙여지고 있다.

- 종합격투기 및 레슬링 선수인 론다 로우지는 2018년에 여성 파이터 최초로 이종격투기 대회인 UFC 명예의 전당에 올랐다.

- 메이저리그 야구경기 중 타자들은 0.15~0.25초 사이(눈을 한 번 깜빡이는 데 걸리는 시간의 절반)에 공을 칠 것인지, 친다면 어디로 어떻게 칠 것인지를 결정해야 한다.

- 캔자스시티 치프스가 2020년 슈퍼볼에서 우승했을 때 흩날린 종이폭죽은 팬들이 보낸 트윗을 인쇄한 종이로 만

의외의 곳에서 만나는 중세 유럽 문화

메릴랜드주의 공식 스포츠는 마상 창 시합jousting이다. 메릴랜드의 주도 애나폴리스에서는 매년 중세 유럽을 테마로 하는 '르네상스 페스티벌'이 열리는데 이 행사의 하이라이트는 당연히 마상 창 시합이다.

든 것이었다.

- 대중적인 운동으로 여겨지는 '1마일 달리기'는 별거 아닌 것처럼 보일지 몰라도 사실 1마일은 1.6km로, 절대 만만하게 생각할 거리가 아니다.

- 철강도시 피츠버그의 아이스하키팀 피츠버그 펭귄스는, 팀의 첫 번째 홈구장이 이글루처럼 생겨서 이런 팀명을 얻었다.

- 우주비행사 앨런 셰퍼드는 1971년 아폴로14호에 골프공 과 골프채를 몰래 싣고 가 달에서 골프를 쳤다.

스포츠

- 스포츠 브랜드 나이키는 공동창업자 빌 바우어만이 러닝 화에 혁신을 불러일으키면서 독자적인 브랜드로 도약했다. 그는 아내가 사용하던 와플 메이커를 보고 밑창 아이디어를 얻었고, 실제로 그 와플 메이커로 견본을 만들기까지 했다.

- 미국 여자농구 최고의 스타였던 캔디스 파커는 2008년 WNBA 신인왕과 MVP를 동시에 거머쥔 첫 번째 농구선수였다.

- 미국 연방대법원 건물 꼭대기에는 농구장이 있는데, 이 농구장 이름은 '세상에서 가장 높은 코트', 즉 미국최고법원Highest Court in the Land이다.

- 1984년에 있었던 한 여자 프로테니스 경기에서 승점 1점이 올라가는 데 무려 29분이나 걸린 사례가 있다. 이는 테니스 역사상 진행시간이 가장 짧았던 프로 경기보다 1분 긴 시간이다.

- 역사상 가장 빠른 사람은 이름 그대로 '번개bolt'같이 빠

른 자메이카 육상선수 우사인 볼트다. 그의 최고 속도는 시속 44.7km인데, 평범한 우리는 운이 좋으면 시속 27km를 기록할 수 있다.

• 골프선수 렉시 톰슨은 2007년에 US여자오픈 대회 참가 자격을 얻은 가장 어린 선수가 되었다. 당시 그녀는 열두 살이었다.

• 메이저리그 역사상 가장 긴 경기는 8시간 6분 동안 이어졌다. 1984년 5월 8일 시카고 코미스키파크에서 벌어진 시카고 화이트삭스와 밀워키 브루어스의 경기였는데 결국 화이트삭스가 승리했다. (저자의 TMI : 나는 바로 이날 시카고에서 태어났다. 나는 평생 화이트삭스 팬으로 남을 것이다. 점성술보다 야구를 더 믿는 내게, 이날 치러진 경기는 기적 같은 일이라고 할 수 있다.)

• 미식축구 프로리그에서 선수가 평균적으로 활동하는 기간은 세 시즌을 살짝 넘는다.

• 1957년 미국 프로야구 필라델피아 필리스의 중견수 리치

애시번이 경기 중 실수로 파울볼을 쳤는데, 앨리스 로스라는 팬이 그 공에 맞아 코가 부러졌다. 그녀가 들것에 실려 나가는 중에 애시번은 또 파울볼을 쳤는데, 이번에는 그 공에 로스의 무릎뼈가 부러졌다. 애시번은 다음 날 병원으로 로스를 찾아갔고 필리스팀은 로스의 손주들을 훈련장으로 초대해 사인볼을 선물했다.

- 1984년 나이키의 운동화 '에어조던'이 처음 나왔을 때 미국프로농구연맹NBA은 마이클 조던이 이 운동화를 신고 경기할 때마다 벌금 5,000달러를 부과했다. 농구 유니폼 규정에 맞는 흰색 운동화가 아니었기 때문이다. 나이키는 기꺼이 조던의 벌금을 대신 내주었다. 그렇게 언론에 보도되는 것이 귀중한 마케팅 기회가 되었기 때문이다.

'말'로 인해 나뉘어버린 멜버른 올림픽

1956년 멜버른 하계 올림픽은 지구의 북반구와 남반구에서 동시에 치러진 유일한 올림픽이었다. 당시 호주에서는 검역 절차가 엄격하여 승마에 필요한 말을 검역하는데 상당한 기간이 걸렸다. 그 바람에 승마경기는 스웨덴 스톡홀름에서 이루어졌고 나머지 경기는 호주 멜버른에서 진행됐다.

- 시몬 바일스는 역사상 가장 많은 상을 받은 체조선수이다. 마루부터 이단평행봉, 개인종합까지 올림픽과 세계선수권대회에서 총 39개의 메달을 획득했고 그중 금메달은 23개이다.

- 제2차 세계대전 시기에 미식축구 라이벌 팀인 피츠버그 스틸러스와 필라델피아 이글스는 선수가 부족해서 팀을 하나로 합쳤다. 합친 팀명은 스티글스였다.

- 1919년에 있었던 미국 프로야구 경기에서 클리블랜드 인디언스의 투수 레이 콜드웰은 9회 초 마운드에서 번개에 맞아 쓰러졌다. 하지만 다시 일어나 경기를 이어나갔고 승리로 이끌었다.

스포츠

동물

이번 장은 나의 반려견 빙고를 생각하며 썼다. 그리고 무지개 다리를 건넌 스파키를 생각하면서도 썼다. 부모님 댁에서 살다가 세상을 떠난 버디와 코코, 그리고 시력을 반쯤 잃었지만 지금 부모님 곁을 지키고 있는 멀리건과 동생의 반려견 레니를 위해서도 썼다. 또한 내가 어렸을 때 길렀던 토끼 레이서, 기니피그 셰익스피어, 잉꼬 캐럴린, 그리고 공을 잘 던지는 모든 대학교 및 올림픽 소프트볼 선수 이름을 붙인 금붕어들에게도 이 글을 전하고 싶다. 덧붙여서…. 아, 키운 동물이 이렇게나 많다 보니 반려동물 문신을 하고 싶은 유혹을 참아내야 한다.

이 장을 쓰기 위해 나는 세계에서 가장 뛰어난 동물 전문가 세 명의 자문을 구했다. 내 조카인 코너, 매슈, 토머스 뮬라니이다. 셋 다 아직 열두 살이 안 됐지만, 이 아이들은 나를 볼 때마다 내가 책을 쓰려고 자료를 조사할 때 발견하지 못한 동물 상식을 알려주었다. 조카들이 전해준 동물에 관한 정보는 다음과 같다.

"플라밍고는 원래 흰색 아니면 회색이에요. 하지만 플라밍고가 먹는 먹이 때문에 분홍색으로 변하는 거예요…. 그리고 플라밍고가 새끼를 가지게 되면 분홍색을 좀 잃게 된대요. 분홍색을 새끼한테 줘야 하니까요." ─토머스 뮬라니, 7세.

"포유류 중 알을 낳는 종이 둘인데 그중 하나는 오리너구리예요. 오리너구리는 비버의 꼬리와 오리의 부리를 가지고 있고, 헤엄칠 수 있어요." ─매슈 뮬라니, 9세.

참고로, 알을 낳는 다른 포유류는 고슴도치처럼 온몸에 가시가 있는 가시두더지이다.

"검은발족제비는 유일한 북아메리카 토종 족제비예요. 야생에 사는 검은발족제비는 이제 370마리밖에 남지 않았대요." ─코너 뮬라니, 11세.

이 행성에서 우리와 함께 사는 동물들을 향한 무한한 경이, 사랑, 연민으로 마음이 활짝 열려 있다면 생활의 지혜 하나를 나누고 싶다. 바로 대체육 식품회사 '퀀Quorn'에서 생산하는 치킨, 그리고 비욘드미트Beyond Meat와 임파서블푸드Impossible Foods에서 만드는 식물성 고기 햄버거이다. 이 제품들의 도움으로 나는 식습관을 완전히 바꿨고 채식주의에 가까운 생활을 하고 있다. 덕분에 냄새는 좀 나지만 귀엽고 사랑스러운 동물의 눈을 마주할 때 죄책감이 훨씬 덜 든다. 자, 즐기시라! 채식과 동물에 관한 정보를!

- 물속이 붐빌 때 악어는 물개를 닮은 바다 포유류 매너티가 먼저 지나가도록 길을 양보해준다.

- 고양이의 귀에는 근육이 32개가 있다. 인간의 귀에는 근육이 여섯 개뿐이다.

- 어린 아이가 엄지손가락을 빠는 것처럼 새끼 코끼리는 자기 코를 빤다.

- 말 '발굽'은 큰 발가락 하나를 가리킨다. 말은 원래

발가락이 더 있었지만 큰 발가락 하나로도 체중과 압력을 견딜 수 있었기 때문에 지금의 형태로 진화했다. 일부 말의 발굽에는 퇴화한 다른 발가락이 남아 있기도 하다.

• 대왕오징어의 눈은 농구공만 하다.

• 2019년 캘리포니아주에서는 강아지 공장을 줄이기 위해 유기동물 보호소에서 데려온 고양이, 개, 토끼만 애완동물 가게에서 판매할 수 있게 하는 법이 통과됐다.

• 뱀, 거미, 벌, 그리고 몇몇 곤충은 우리가 볼 수 없는 색을 볼 수 있다.

• 가리비의 일부 종은 눈이 200개나 된다.

• 알래스카나무개구리는 8개월 동안 오줌을 참을 수 있다. 이 개구리는 오줌에 있는 질소화합물에서 질소를 확보해 동면 중에 세포 조직을 유지한다.

• 수컷 흰방울새가 짝짓기를 하려고 암컷을 부르는 소리의

크기는 116dB로, 새 울음소리 중 가장 크고, 사람의 대화 소리보다 두 배 더 크다. 이들의 짝짓기 울음소리를 영어로는 'bonk'라고 하는데 머리를 부딪친다는 뜻도 있지만 성교라는 뜻도 있다.

- 황새치는 지구에서 가장 빠르게 헤엄치는 생물로, 시속 96km까지 헤엄칠 수 있다.

- 고슴도치는 자기 가시에 자주 찔리지만 가시에 항생제가 있어서 세균에 감염되지는 않는다. 또한, 고슴도치는 물에 뜰 수 있다.

- 인간의 하품은 코끼리, 개, 침팬지 등 몇몇 동물들에게 전염될 수 있다.

- 쥐는 간지럼을 타고, 웃을 수도 있다.

- 2019년에 새롭게 발견된 딱정벌레의 한 종에는 스웨덴의 소녀 환경운동가 그레타 툰베리의 이름을 딴 넬롭토데스 그레태Nelloptodes Gretae라는 명칭이 붙었다.

- 과학자들은 마약성 진통제인 오피오이드를 대체할 물질을 만들기 위해 거미 독을 변형하는 연구를 진행하고 있다.

- 오리건주에는 치료사로 활동하는 낙타과 동물 라마가 있는데 이름은 '걱정마라마 시저caesar the No Drama Llama'이다. 시저는 코로나19 유행 기간에 창밖에서 요양원에 있는 노인들을 면회하고 포틀랜드에서 열린 흑인 인권운동 '블랙 라이브스 매터Black Lives Matter' 시위에도 참여했다.

- 소 한 마리의 무게는 하루에 35kg까지 오르내린다.

- 기린의 혀는 햇빛에서 오는 자외선을 차단하고 화상을 입지 않기 위해 검정색을 띈다.

- 나비는 악어와 거북이의 눈물을 마셔 나트륨을 얻는다.

- 여왕벌은 2,000년이 넘는 시간 동안 왕벌로 불렸다. 아리스토텔레스도 여왕벌이 수컷이라고 생각했다.

- 복서게, 폼폼 크랩이라고도 불리는 가는손부채게는 말미잘이 쏘는 독에 면역이 되어 있어서, 집게에 말미잘을 장갑처럼 끼우고 다닐 수 있다. 자신을 잡아먹으려는 물고기가 앞에 나타나면 말미잘을 끼운 주먹으로 적을 공격해 자신을 보호한다.

- 뿔도마뱀은 눈 가장자리에서 피눈물을 발사해서 자신을 방어한다. 솔직히 말하면 나도 그 방법으로 나를 보호한다.

- 얼룩무늬가 진한 기린은 독립적인 경향이 있고, 무늬가 연한 기린은 좀 더 사교적인 경향이 있다.

아르마딜로의 별난 방어법

온몸이 등딱지로 덮여 있는 아르마딜로는 늘 일란성 네쌍둥이를 낳는다. 아르마딜로가 스스로를 방어하는 방법은 공중으로 튀어오르는 것인데, 자동차 앞 범퍼 정도 높이까지 점프할 수 있다. 이 별난 녀석들이 참 마음에 든다. 아르마딜로를 보고 있으면 「더 머펫 쇼」에 나오는 둥근 눈과 구부러진 코를 가진 캐릭터 곤조가 떠오른다.

- 중미와 남미에 사는 말벌 중 일부 종은 꿀을 만들어낼 수 있다.

- 미국에 있는 약 100만 마리의 개가 주인의 유언장에 보험금 수혜자 제1순위로 지정되어 있다.

- 성게와 수염고래는 200년 이상 살 수 있다.

- 염소는 사람과 어울리는 것을 좋아한다. 개와 마찬가지로 염소도 몸짓과 시선으로 우리와 소통한다. 사람에게 코를 비빌 때도 있는데 아마도 우리를 스크래처로 여기는 것 같다. 하지만 개와는 달리 염소는 반드시 다른 염소들 곁에 있어야만 행복하다.

- 회색곰은 따개비가 붙은 돌로 얼굴털을 빗는다.

- 흰긴꼬리극락조 수컷에게는 길고 하얀 꼬리깃털이 있는데, 이 꼬리는 날아다닐 때 암컷에게 멋지게 보인다는 것 말고 다른 기능은 없다. 인간의 눈에는 발에 휴지를 길게 붙이고 다니는 것처럼 보일 뿐이다.

동물

- 낙타과의 포유류 알파카 암컷은 11개월 반에 달하는 임신기간 동안 무슨 수를 쓰더라도 수컷을 피하려고 한다. 수컷이 다가오면 침을 뱉어서라도 말이다.

- 박쥐의 똥에는 곤충의 겉껍질이 섞여 있어 반짝거린다.

- 경주마들이 켄터키 더비 경마장 등 주요 경마장으로 이동할 때 타고 가는 비행기 이름은 미국 대통령 전용기 에어포스원Air Forse One과 비슷한 에어호스원Air Horse One 이다.

- 날 수 있는 새 중에서 가장 큰 새로 알려진 알바트로스는 날개를 퍼덕이지 않고 공중에 엿새 간 떠 있을 수 있다.

- 결혼식에서 신혼부부에게 쌀을 던지는 전통 때문에 새들이 그 쌀을 먹고 배가 터진다는 소문이 있다. 하지만 이것은 거짓 소문이다. 그런 일은 절대로 일어나지 않는다! 유후!

- 지구에 존재하는 가장 큰 생명체인 흰긴수염고래는 자기

무게만큼의 물을 입에 머금을 수 있다.

- 새의 뼈는 안쪽이 텅 비어있다. 폐가 뼛속까지 확장되어 있기 때문이다. 이 깃털 달린 친구들은 비행하는 데 산소가 엄청나게 많이 필요하기 때문에 폐를 창의적인 방법으로 확장해 두었다.

- 훈련받은 비둘기 중 90%가 피카소와 모네 작품, 그리고 입체파와 인상파 작품을 전반적으로 구분할 수 있다. 그림을 뿌옇게 처리하거나 흑백으로 바꾸어 보여줘도 작품을 구분해 낸다. 비둘기가 미술사 입문강의에 참석하지 않는 이유는 바로 이 때문이 아닐까. 비둘기들은 수업 내용을 이미 알고 있으니까.

웜뱃, 동물 친구들을 구해줘!

오소리와 비슷하게 생겼으며 땅속에서 사는 웜뱃들은 2020년 호주 산불이 났을 때 이들이 만든 안전한 땅굴로 다른 여러 동물들의 목숨을 구했다. 사실 웜뱃이 무언가를 적극적으로 한 것은 아니고 그냥 커다란 땅굴을 파놓은 것뿐이었지만, 두 가지 점에서 웜뱃은 멋진 동물인 것 같다. 하나는 땅속에서 산다는 점, 두 번째는 다른 동물들이 쉴 수 있게 빈집을 내준다는 점!

동물

- 수컷 알락꼬리여우원숭이는 공격할 때 상대가 물러날 때까지 고약한 냄새를 내뿜는다. 이를 '악취 싸움stink fight'이라고 한다.

- 나비는 앞발로 맛을 본다.

- 코로나19로 도심 소음공해가 감소하면서 참새들은 서로의 노랫소리를 더 잘 들을 수 있게 되었다. 예전에는 비명을 지르는 것과 다를 바 없었다면 이제는 편하게 소통할 수 있게 된 것이다. 이렇게 되자 참새들은 더 아름다운 짝짓기 노래를 부르게 되었다.

- 고양이는 단맛을 느낄 수 없으며 탄수화물을 먹지 못한다. 또한 대부분 유당불내증이 있기 때문에 우유를 주어서는 안 된다. 우유를 핥아먹는 모습이 매우 귀엽더라도 말이다.

- 수컷 바우어새는 짝짓기할 때가 되면 같은 색의 물건들(보통 파란색)로 자기 바우어, 그러니까 화려하게 장식한 커다란 둥지를 꾸민다. 그러면 암컷이 날아와 인테리어를

점검하고 마음을 결정한다.

- 나무늘보는 똥을 일주일에 한 번 눈다.

- 딱정벌레부터 올챙이와 거머리까지, 60종이 넘는 생물이 코끼리 발자국 안에 산다. 생긴 지 오래된 발자국일수록 더 많은 생물이 그 안에 산다.

- 반려견이 있는 사람들은 이미 알고 있는 사실이 드디어 연구를 통해 밝혀졌다. 위급상황이 되면 반려견은 반려인을 구하려 한다.

- 캥거루와 비슷한 동물인 왈라비 중에는 목에서 자주색 염료를 분비하는 종이 있다. 그 이름은 바로! 자줏빛목바위왈라비다.

- 소 엉덩이에 눈 그림을 그려두면 사자가 뒤에서 소를 공격하는 행동을 자제한다.

- 뉴욕시 쥐들은 '중심지'에 사느냐 '외곽지'에 사느냐에 따

라 유전적으로 다르다. (토어 세이들러의 유명한 그림책을 보면, 중심지에 사는 쥐들은 예술학교에 다닐 확률이 높다.)

- 개구리는 먹을 때 눈을 감는다. 눈알이 식도로 내려가 먹이를 위장 쪽으로 밀어내리는 것을 돕기 때문이다.

- 해파리는 한 번도 암에 걸리지 않은 몇 안 되는 생물이어서 해파리를 대상으로 다양한 연구가 진행 중이다.

- 수컷 방망이날개무희새는 날갯짓으로 소리를 내어 구애하는데, 그 소리가 바이올린 소리와 비슷하다.

- 루머를 믿어서는 안 된다. 금붕어는 똑똑하니까! 훈련을 시켜서 묘기를 부리게 할 수도 있고 어항 청소를 해주면 고마워한다. 사람과 마찬가지로 금붕어도 가끔 방을 새롭게 꾸미고 싶어한다.

- 매의 한 종류인 물수리는 물고기를 잡으면 물고기 머리가 앞쪽으로 가도록 방향을 바꾼다. 그래야 공기역학적으로 가장 수월하게 날 수 있기 때문이다. 그 이유가 아니

라면… 잡아먹기 전 마지막으로 물고기에게 멋진 경관을 보여주며 좋은 시간을 보내도록 해주기 위해서일지도?

• 알파카가 새끼를 낳는다는 표현을 영어로는 '짐풀기un-packing'라고 한다.

• 해달은 저마다 좋아하는 돌멩이가 있는데, 겨드랑이 아래 늘어진 살 '주머니'에 그 돌멩이를 넣고 다닌다.

• 수컷 푸른마나킨새는 짝짓기할 시기가 되면 여러 마리가 모여 함께 노래를 부르고 순서대로 날개를 퍼덕이며 암컷에게 구애한다. 암컷은 이들을 비교한 후 한 마리를 선택한다.

• 딱정벌레의 종류는 38만 가지나 된다.

의외로 강한 동물, 플라밍고

플라밍고는 끓는 물을 안전하게 마실 수 있다. 또한 탄산수소나트륨의 함량이 너무 높아서 물에 닿는 동물들을 미이라로 만들어버리는 탄자니아의 '죽음의 호수' 나트론호수는 플라밍고 서식지다.

- 타조는 시속 70km로 달릴 수 있다. 육상선수는 시속 27~32km로 달릴 수 있으니 타조는 사람보다 두 배 이상으로 빠르다.

- 문어와 꿀벌은 사람의 얼굴을 알아본다.

- 거머리는 뇌가 32개, 위는 10개가 있다.

- 반딧불이가 빛을 내는 이유는 짝짓기를 하기 위해서다.

- 고양이는 깨어 있는 시간의 30~50%를 털 손질에 쓴다.

- 호주에 사는 깁슬랜드거대지렁이는 270cm까지 자랄 수 있다.

- 그렇다고 호주에 사는 생명체가 모두 끔찍한 건 아니다. 호주에는 왈라루라는 동물이 있다. 이름이 주는 느낌과는 달리 캥거루와 왈라비를 교배해서 낳은 동물은 아니지만 엄청나게 귀엽다. 캥거루보다 더 통통하고 더 다정하다.

- 대부분의 물고기는 몸 전체에 미뢰(맛을 느끼는 기관)가 있다.

- 나무늘보는 너무 천천히 움직여서 몸에서 녹조류가 자랄 수 있을 정도다. 한편 그들은 머리를 거의 360도로 돌릴 수 있다.

- 코끼리는 점프를 못 한다.

- 환각제를 먹인 거미는 평소보다 더 복잡한 무늬의 거미줄을 만든다.

- 몸집이 큰 개보다 몸집이 작은 개가 꿈을 더 자주 꾼다.

- 돼지는 가축 중에서도 가장 깨끗한 축에 속한다. 돼지가 지저분한 동물이라고 오해를 받는 이유는 땀을 흘리지 못해 진흙에서 굴러 몸을 식히기 때문이다.

- 장어의 짝짓기 방식에 대해서는 아무것도 밝혀진 바가 없다. 잡아 놓고 관찰하려고 해도 절대 짝짓기를 하지 않

동물

으니 말이다.

- 미국의 많은 주에서 대마초가 합법화되면서, 2019년에는 마약과 관련된 반려견 이름이 급증했다. 대마초로 제조하는 마약인 버더budder라는 이름의 개는 600%, 질좋은 마약이라는 뜻인 댕크dank라는 이름의 개는 116%, 환각제 종류의 하나인 인디카indica는 93%, 마약의 은어로도 사용되는 허브herb는 66%, 마약의 한 종류인 쿠시kush는 62% 늘었다.

- 미국바닷가재와 홍해파리는 생물학적으로 불로불사가 가능하다. 즉 포식자나 질병, 재해나 기후 변화, 사고가 없다면 영원히 살 수 있다는 뜻이다.

- 1996년 켓첼이라는 고양이가 주인의 피아노 위로 뛰어올랐다. 은퇴한 작곡가인 주인은 켓첼이 누른 음을 악보로 옮겼다. 그렇게 완성된 켓첼의 '음악'은 1997년 「파리 뉴 뮤직 리뷰」지가 주관한 작곡 대회에서 특별상을 받았다.

- 후각이 굉장히 발달한 사냥개 블러드하운드는 12일하고

도 반나절이 지난 냄새까지 추적할 수 있다.

- 혹등고래는 때때로 범고래로부터 위협을 받는 다른 생물들을 보호한다.

- 일부 개구리는 몸이 얼어도 녹으면 되살아날 수 있다.

- 암컷 돌고래는 배 속에 있는 새끼를 위해 '노래'를 부른다. 돌고래마다 고유의 소리로 노래를 부르기 때문에 노래는 마치 이름과도 같은 역할을 한다. 돌고래는 평생 같은 소리를 내며 자신을 나타낸다.

- 타이타닉호 침몰 사고에서 개 세 마리가 살아남았다.

일본 기차역을 지키는 고양이역장, 타마

삼색고양이 타마는 2007년부터 2015년에 세상을 떠날 때까지 일본의 키시역驛에서 역장으로 근무했다. 인기가 많았던 타마 덕에 승객수가 최소 10% 증가하여 철도회사 운영에 도움이 되었다. 타마의 뒤를 이어 현재는 니타마라는 역장이 근무 중인데 니타마 역시 고양이다.

동물

- 까마귀는 문화권에 따라 불길함을 상징하기도 하지만 부디 까마귀를 그렇게 여기지 말았으면 한다. 까마귀는 친구를 사귈 수 있고 시간이 지난 후 친구를 알아볼 수 있으며 문제 해결 능력도 있고 계획을 세울 줄도 안다.

- 그래서는 안 되지만 개미를 전자레인지에 돌려도 개미에게는 해가 되지 않는다.

- 미국인의 반려견 중 45%가 주인의 침대에서 자는 것으로 추산된다.

- 돼지는 고양이, 개보다 똑똑하다. 실제로 침팬지만큼 빨리 배울 수도 있다.

- 코끼리는 거울에 비친 자기 모습을 알아보고, 다른 동물들을 돕기도 하며, 놀이도 하고, 가족을 위로하기도 한다.

- 에폴렛상어는 지느러미를 이용해서 바다 밑바닥을 걸어다닐 수 있다.

- 성장기의 도다리는 모래 속에 몸을 파묻은 상태에서 한쪽 눈을 얼굴 반대편으로 옮겨 위를 쳐다볼 수 있다.

- 1995년 덴마크에서 초록색 고양이가 태어났는데, 수의사들은 원인을 파악하지 못했다. 2020년 이탈리아 사르데냐섬에서는 초록색 강아지가 태어났다. 초록 강아지의 형제와 자매는 전부 평범한 색이었다.

- 개는 평균적으로 두 살배기 아이와 지능이 비슷하다.

- 2017년 과학자들은 호주 동부해안에 있는 수중도시를 발견했다. 이 수중도시는 문어들이 지은 것으로, 문어들은 조개껍데기로 만든 굴 중에서 가장 좋은 '집'을 서로 차지하려고 다퉜다고 한다.

- 웜뱃이 누는 똥은 정육면체이다.

- 돌고래는 에너지를 아끼기 위해 종종 물 위로 뛰어오른다. 공기는 물보다 밀도가 낮으니까

동물

말이다.

- 코알라는 곰과의 동물이 아니다. 캥거루처럼 육아낭에 새끼를 넣어 키우는 유대목 동물이다.

- 강아지는 사춘기가 되면 사람과 마찬가지로 자신의 보호자에게 반항하는 경향을 보인다. 이 '개춘기'는 생후 8개월쯤 시작해 12개월 즈음에 끝난다.

- 개미는 위가 두 개다. 하나는 먹은 것을 소화하는 데 사용하고 다른 하나는 먹이를 채워 보관했다가 동료들과 나누거나 나중에 먹을 때 쓴다. 추가로, 뉴욕 맨해튼에서만 사는 특정한 개미가 있는데 맨해트앤트manhattant라고 부른다.

- 물고기는 기침을 하고, 하품을 하고, 트림도 한다.

- 레서판다는 자기 꼬리를 이불처럼 사용하는데, 그 모습이 엄·청·나·게 귀엽다.

- 1992년 백악관 직원들은 쪽지를 하나 받았다. 조지 부시 대통령의 반려견 레인저가 뚱뚱하니 먹이를 주지 말라는 내용이었다. 쪽지에는 "캠프데이비드에 있는 해병대, 해군을 비롯한 모든 민간인과 아이들은 레인저에게 먹이를 주는 사람을 발견하는 즉시 밀고하라"고 쓰여있었다.

- 돌고래의 뇌는 한쪽씩 번갈아 가며 잠을 잔다. 한쪽이 자는 동안 깨어 있는 다른 쪽은 포식자가 다가오는지 살핀다.

- 물고기는 어떻게 새로운 호수로 이동할까? 물고기 알이 새똥 속에 보관되어 있다가, 새가 날다가 똥이 다른 곳에 떨어지면서 새로운 장소에서 부화하는 것이다.

- 샌프란시스코의 금문교에서 뛰어내려 자살하려던 한 남자를 바다사자가 구한 일이 있었다. 이 남자는 뛰어내리면서 척추를 다쳤는데, 바다사자는 해안경비대가 올 때까지 그가 물에 떠 있을 수 있도록 받쳐 주었다. 케빈 하인스라는 이 남자는 현재 자살 예방 활동에 전념하고 있다.

- 똑똑하고 카리스마 넘치는 고릴라 코코는 1970년대 말부

터 2018년에 세상을 뜰 때까지 언론의 관심을 많이 받았다. 태어났을 때부터 교육TV 프로그램인 「로저스 아저씨네 동네Mister Rogers' Neighborhood」를 시청한 코코는 로저스 아저씨(프레드 로저스)를 실제로 만나자마자 신발을 벗었다. 로저스 아저씨가 쇼를 시작할 때마다 신발을 벗었던 것처럼 말이다.

• 땅벌의 일종인 알파인범블비는 에베레스트산(8,800m)보다 높게 날 수 있다.

• 수컷 펭귄은 암컷 펭귄에게 자기가 구할 수 있는 가장 매끄러운 자갈을 보여주며 프러포즈를 한다. 자기가 얼마나 좋은 자갈로 둥지를 만들 수 있는지 보여주려는 행동이다.

- 속설과는 달리 아르마딜로 껍질은 방탄이 아니다. 하지만 튼튼하고 신축성이 있어 인간들이 입는 갑옷을 만들 때 모델이 되었다.

- 청어는 방귀 소리로 의사소통한다.

- 사자가 으르렁거리는 소리는 8km 떨어진 곳에서도 들린다.

- 갑오징어는 암컷보다 수컷이 훨씬 많다. 이들은 보통 집단을 이루어 함께 짝짓기를 하는데, 힘이 센 수컷이 약하고 작은 수컷을 밀어내고 암컷의 관심을 차지한다. 경쟁에서 밀린 작은 수컷은 암컷으로 보이도록 변장해 암컷들의 모임에 잠입하여 그 안에서 구애 활동을 한다. 암컷 갑오징어는 이렇게 암컷으로 변장한 수컷을 짝으로 고를 가능성이 높다.

- 미국 롱아일랜드를 기반으로 활동하는 레스큐 잉크Rescue Ink라는 폭주족이 있다. 이들은 다소 거칠어 보이는 외모와는 달리 학대당하는 동물을 구조하는 활동을 한다.

동물

- 고양이는 삶의 70%를 잠으로 보낸다.

- 나무늘보는 40분간 숨을 참을 수 있다.

- 집파리가 윙윙거리는 소리는 F 코드 음이다.

- 2004년 흑곰 한 마리가 어느 시애틀 캠프장으로 내려왔다. 곰은 유명 맥주회사 제품인 부쉬Busch 맥주를 한 번 맛본 후 버리고, 레이니어의 지역 맥주는 서른여섯 캔을 마신 뒤 잠들었다.

퀴즈

    과학자들이 고슴도치 무리를 '뾰족이'라고 부르지는 않지만, 동물 무리를 재밌게 부르는 전통은 15세기 영국에서부터 이어졌다. 당시 줄리아 버너스라는 작가는 「매사냥, 수렵, 문장학紋章學에 관하여The Book of Hawking, Hunting and Blasing of Arms」라는 책을 발간했는데 이때 버너스가 동물 무리의 특징을 잡아서 만든 용어들이 영어권에서 사용되어온 것이다. 아래 퀴즈에서 동물의 무리를 일컫는 단어를 골라보자.

Q1 까마귀 무리를 일컫는 말은?

ⓐ an unkindness(불친절)

ⓑ a nevermore(절대로 다시는)

ⓒ a boop(낮게 삑 하는 소리)

ⓓ a football(축구공)

Q2 판다 무리를 일컫는 말은?

ⓐ a fuzz(솜털)

ⓑ an embarrassment(부끄러움)

ⓒ a newspaper(신문)

ⓓ a pud(앞발)

Q3 개구리 무리를 일컫는 말은?

ⓐ a lily pad(수련잎)

ⓑ an army(군대)

ⓒ a wart(피부에 생기는 사마귀)

ⓓ an anthology(앤솔러지, 선집選集)

Q4 부엉이 무리를 일컫는 말은?

ⓐ a feather(깃털)

ⓑ a night(밤)

ⓒ a parliament(의회)

ⓓ a hoot(부엉이 울음소리)

Q5 플라밍고 무리를 일컫는 말은?

ⓐ a stand(서있음)

ⓑ a stack(쌓아올린 더미)

ⓒ a stork(황새)

ⓓ a stuck(끼어있음)

Q6 해파리 무리를 일컫는 말은?

ⓐ a glob(방울)

ⓑ a smack(후려치기)

ⓒ a sting(가시)

ⓓ an air(공기)

Q7 나무늘보 무리를 일컫는 말은?

ⓐ a slow(느린)

ⓑ an eery(으스스함)

ⓒ a bed(침대)

ⓓ a tail(꼬리)

Q8 여우원숭이 무리를 일컫는 말은?

ⓐ a conspiracy(음모)

ⓑ a ring(반지)

ⓒ a spiral(나선)

ⓓ a stinker(냄새나는 놈)

Q9 박쥐 무리를 일컫는 말은?

ⓐ a sight(광경)

ⓑ a fright(공포)

ⓒ a blight(병충해)

ⓓ a cauldron(가마솥)

Q10 뱀 무리를 일컫는 말은?

ⓐ a slink(슬그머니 움직임)

ⓑ a slither(스르륵 움직임)

ⓒ a nest(둥지)

ⓓ a nurture(양육)

정답

A1 ⓐ   **A2** ⓑ   **A3** ⓑ   **A4** ⓒ   **A5** ⓐ   **A6** ⓑ   **A7** ⓒ
A8 ⓐ   **A9** ⓓ   **A10** ⓒ

셀럽

유명인사들에 대해 쓰려니 약간 두렵다. 그들에 대한 화려한 프로필이나 호감 가는 내용을 책에 써서 출간했는데 다음 날 그 사람이 인육을 먹은 죄로 체포되는 일이 발생하는 건 절대로 피하고 싶으니 말이다.

미국의 패션잡지 「세븐틴」의 연예부 편집장 타마라 푸엔테스는 할리우드 스타들을 취재할 때 생기는 위험요소를 잘 알고 있다. 그런데도 자기가 가장 좋아하는 연예인 이야기를 대담하게 나눠주었다.

"코미디언이자 작가인 민디 캘링의 원래 이름은 베라예요. 민디는 시트콤 「모크 앤 민디」에서 따온 이름이고요."

"배우 리즈 위더스푼은 「금발이 너무해 2」 계약서에, 촬영 종료 후 자신의 배역인 엘 우즈가 입었던 모든 의상을 소장하겠다는 조항을 넣었어요."

이것이 바로 리즈가 국보인 이유다. 그렇다, 리즈는 국보다. 그러니 리즈, 제발 인육은 먹지 말아줘요. 아니, 이 책에서 언급하는 모든 유명인에게 부탁하는데, 제발, 사고 치지 말아요. 친절을 베풀어요. 훌륭한 작품 활동을 보여줘요. 타인을 도와줘요. 무엇보다 영향력을 가진 지금의 모습을 유지해줘요. 이 책도 그럴 수 있게.

- 셀레나 고메즈는 인스타그램 팔로워가 가장 많은 사람 중 한 명이지만 휴대폰에 인스타그램 앱을 깔지 않았다. 앱이 있으면 죄책감을 느끼게 되어 그렇다고 한다(연예인도 나랑 다르지 않군). 그래서 인스타그램에 사진을 올리고 싶을 때면 다른 사람의 휴대폰으로 로그인한다.

- 영국 윌리엄 왕자의 대학 시절 별명은 '왕자 윌리엄'을 뜻하는 P-윌리였다.

- 배우이자 프로레슬링 선수인 드웨인 존슨이 하루에 먹는 음식량은 4.5kg 정도이다.

- 2018년 마블 영화 「블랙 팬서」를 보던 어느 18살 여성은 웃통을 벗은 킬몽거(마이클 B. 조던 扮)의 모습을 보고 자기도 모르게 이를 너무 꽉 깨문 나머지 치아교정기가 부러졌다. 그녀의 교정 치료를 담당하던 치과의사가 이 사연을 SNS에 올렸고 그 내용이 조던에게까지 전해졌다. 조던은 여성에게 교정기를 사주겠다고 했다.

- 넷플릭스 영화 「어쩌다 로맨스」의 주연배우 레벨 윌슨은 말라리아에 걸려 치료를 받던 중 오스카상을 수상하는 환각을 보고 연예계에 뛰어들었다.

- 할리우드의 원로배우 사무엘 L. 잭슨은 영화 촬영기간 중 일주일에 두 번은 골프를 치게 해달라는 내용을 계약서에 넣는다.

- 배우 제니퍼 애니스톤은 20대 초반에 코미디쇼 「SNL」의 캐스팅 제안을 거절했다. 이 쇼에서 여성을 대하는 태도가 달갑지 않다는 이유에서였다.

- 가수 비욘세는 남편 제이 지와 만나기 전에 남자친구가

딱 한 명 있었다.

- 「매리 포핀스」, 「사운드 오브 뮤직」으로 유명한 배우 줄리 앤드류스는 입이 험한 편이었다. 자녀들이 욕 좀 그만하라고 말릴 정도였지만 소용없었다.

- 「라라랜드」의 주연배우 라이언 고슬링은 뜨개질을 좋아한다.

- 영화 「블랙위도우」의 배우 플로렌스 퓨는 가는 곳마다 홍차 브랜드인 요크셔 제품을 가지고 다닌다.

- 모델 타이라 뱅크스는 돌고래를 무서워하는 '돌고래 공포증delfiniphobia'이 있다.

- 배우 제니퍼 로렌스는 손에 연하게 'H_2O'라고 문신을 했다. 물 마시는 것을 기억하기 위해서다.

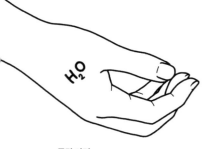

글감 사전

- 영국 해리 왕자와 결혼한 배우 메건 마클은 열한 살 때 주방 세제 광고에 나오는 성차별 표현을 바꿔달라고 P&G사에 편지를 썼다. 그들은 그 의견을 받아들였다.

- 가수 해리 스타일스는 젖꼭지가 네 개다. 또한 스타일스와 에드 시런은 핑구 문신을 했는데, 핑구는 두 가수가 어렸을 때 좋아한 클레이 애니메이션 펭귄 캐릭터다.

- 배우 엠마 로버츠는 줄리아 로버츠의 조카다. 고모 줄리아 로버츠는 3,000만 달러짜리 미소 보험에 들었는데, 엠마도 신체 일부에 보험을 들었는지는 알려지지 않았다.

- 신체 일부에 보험을 드는 얘기가 나왔으니 추가하자면, 가수 리아나는 100만 달러, 모델 하이디 클룸은 200만 달러, 가수 티나 터너는 320만 달러, 그리고 가수 테일러 스위프트는 4,000만 달러짜리 다리 보험에 들었다. 하지만 이 액수는 가수 머라이어 캐리가 든 10억 달러짜리 다리 보험에 비할 바가 못 된다.

셀럽

- 래퍼 스눕 독과 가수 브랜디는 사촌지간이다.

- 가수 레니 크라비츠의 딸 조이 크라비츠는 배우, 가수, 모델를 겸하고 있다. 두 사람은 같은 문신을 했다. '마침내 자유의 몸이 되다Free at Last'라는 레터링 타투로, 레니가 힘든 시기를 이겨낸 것을 기억하기 위한 것이라고 한다.

- 고등학교 시절 영화 「파이트 클럽」을 본 배우 애덤 드라이버는 이 작품이 매우 마음에 든 나머지 진짜 파이트 클럽을 만들었다.

- 미국의 네 살 아이 중 85%가 원조 셀럽인 산타클로스를 믿는다.

- 배우 에밀리 블런트는 어렸을 때 말을 심하게 더듬었다. 치료사와 언어코치는 이 증상을 고쳐주지 못했지만 학교에서 연극 연습을 하며 고칠 수 있었다.

- 팀 버튼의 영화 「배트맨2」에서 펭귄맨을 연기한 배우이자 감독인 대니 드비토는 큰 성공을 거두기 전에 미용사

교육을 받은 적이 있다.

- 미국의 원로배우 베티 화이트는 영화 「이보다 더 좋을 순 없다」에 출연하는 것을 거절했다. 동물을 학대하는 장면 이 나오기 때문이다.

- 엘튼 존은 에미넴의 알코올 의존증 재활모임을 후원했다.

- 배우 레오나르도 디카프리오의 어머니는 임신 중 이탈 리아 피렌체에 있는 우피치 미술관에 전시된 레오나르도 다빈치의 작품을 보고 있을 때 첫 태동을 느꼈다. 그래서 그녀는 아기에게 레오나르도라는 이름을 지어주었다고 한다.

- 전설적인 재즈 가수 빌리 홀리데이는 배우 빌리 크리 스탈이 어렸을 때 그를 돌보는 베이비시터로 일한 적이 있다.

- 가수 리조는 방황 끝에 대학에서 자퇴하고 그 충격으로 3개월간 말을 하지 못했다. 그녀는 그 시기를 '변태變態'라

셀럽

고 부른다. 그때를 지나고 나서야 가수가 자신의 천직이
라는 것을 깨달았기 때문이다.

• 영화 「백 투 더 퓨처」의 주인공 마이클 J. 폭스의 미들네
임은 앤드류이다. 하지만 자기 이름을 마이클 A. 폭스
Michael A. Fox라고 표기하면 마치 '여우 같은 마이클
Michael, a fox'처럼 보일 것 같기도 하고, 이미 마이클 폭스
라는 다른 배우가 있기도 해서 중간 이니셜을 J로 선택했
다. 이는 배우 마이클 J. 폴러드에게 경의를 표하는 의미
도 담겨 있다.

• 소행성 '12818 톰 행크스', 소행성 '8353 맥 라이언', 소
행성 '214476 스티븐 콜베어'는 진짜 존재하는 소행성의
이름이다.

• 마돈나는 던킨도너츠에서 일하던 시절, 도넛에 잼을 채우
는 기계로 장난을 치다 해고된 적이 있다.

• 가수 케이티 페리의 「I Kissed a Girl」은 배우 스칼렛 요
한슨의 입술에 관한 곡이다. 두 사람이 키스를 한 적은 한

번도 없지만, 요한슨은 자신이 이 곡의 영감이 되어 뿌듯하다고 말했다.

- 윌 스미스의 본명은 윌러드 스미스다.

헐리우드 스타들의 고무줄 나이

영화를 보면서 저 배우가 저 역할을 하기에는 나이가 좀 많아 보인다고 생각한 적이 있는가? 아마 그 생각이 맞을 것이다. 성인인 배우가 십대 청소년 역을 맡는 일은 자주 있으니 말이다. 그러니 어린 독자들이여, 영화를 볼 때 어떤 등장인물이 분명 당신과 또래인데 얼굴에 수염 자국이 거뭇거뭇하고, 여드름 흉터도 별로 보이지 않고, 다 큰 성인의 커다란 근육이 보인다면 이 점을 기억하기 바란다. 그들은 다 자란 어른이다. 화면에 등장하는 '젊은이'가 어색하게 느껴진다면, 그 이유는 다음과 같다.

- 영화 「어메이징 스파이더맨」(2012)에서 당시 27세였던 앤드류 가필드는 17세의 주인공 피터 파커 역을 연기했다. 피터 파커가 18세가 된 시점의 이야기인 속편을 찍었을 때 가필드는 30살이었다.
- 「티파니에서 아침을」(1961)에서 오드리 헵번이 맡은 홀리 고라

이틀리는 18세이지만, 헵번의 나이는 당시 32세였다.

- 해리 포터 시리즈에서 14세 소녀 귀신 모우닝 머틀을 연기한 설리 헨더슨은 「해리포터와 비밀의 방」(2002)을 찍을 때는 37세, 「해리포터와 불의 잔」(2005)을 찍을 때는 40세였다.

- 「스타트렉: 더 비기닝」(2009)에서 존 조는 21세의 술루 역을 맡았다. 그가 36세일 때의 일이다.

- 올리비아 뉴튼존이 영화 「그리스」(1978)에서 순진한 고등학교 졸업반 학생인 샌디를 연기했을 때 그녀의 나이는 29세였다. 같은 영화에서 17세 리조 역을 맡은 스톡카드 채닝은 33세였다.

- CW방송국 드라마 「뱀파이어 다이어리」가 8년간의 방영을 끝냈을 때 주인공 역을 맡은 배우 폴 웨슬리는 35세였다. 하지만 그가 맡은 역인 스테판 살바토어는 18세 소년의 몸에 들어간 171살 뱀파이어이다.

- 제인 오스틴의 작품 「에마」를 현대판으로 각색한 「클루리스」(1995)에서 당시 28세였던 스테이시 대쉬는 운전을 배우고 있는 고등학생 다이온 대븐포트 역을 맡았다.

- 숀 패트릭 토머스는 30대 초반에 영화 「세이브 더 라스트 댄스」(2001)에서 고등학교 졸업반 학생 데릭 역을 맡았다. 상대역을 맡은 줄리아 스타일스는 당시 19세였다.

- 「더티 댄싱」(1987)에서 17세 소녀 프란시스 베이비를 연기한 제니퍼 그레이는 당시 27세였다.

- 2006년에 드라마 「한나 몬타나」의 첫 에피소드가 방영됐을 때 마일리 사이러스의 16세 오빠 잭슨은, 당시 29세였던 제이슨 얼스가 연기했다.

퀴즈

다음에 나오는 이름은 여성 셀럽들의 본명이다. 이것이 누구의 이름인지 대중적으로 알려진 이름을 맞혀 보자. 너무 어려울 것 같아서 보기를 적어두었으니 골라보기만 하면 된다.

Q1 스테퍼니 조앤 앤젤리나 제르마노타

Q2 일리니아 리디아 미로노프

Q3 나탈리 헤르슐라그

Q4 애슐리 프랜지페인

Q5 엘리자베스 울리지 그랜트

Q6 엘라 마리야 라니 옐리치 오코너

Q7 오니카 타니아 마라즈

Q8 카린 존슨

Q9 캐서린 엘리자베스 허드슨

Q10 멀리사 제퍼슨

ⓐ 리조   ⓑ 라나 델 레이

ⓒ 케이티 페리   ⓓ 레이디 가가

ⓔ 니키 미나즈   ⓕ 나탈리 포트만

ⓖ 헬렌 미렌   ⓗ 할시

ⓘ 우피 골드버그   ⓙ 로드

Ⓐ**1** ⓓ 레이디 가가   Ⓐ**2** ⓖ 헬렌 미렌   Ⓐ**3** ⓕ 나탈리 포트만
Ⓐ**4** ⓗ 할시   Ⓐ**5** ⓑ 라나 델 레이   Ⓐ**6** ⓙ 로드   Ⓐ**7** ⓔ 니키 미나즈   Ⓐ**8** ⓘ 우피 골드버그   Ⓐ**9** ⓒ 케이티 페리   Ⓐ**10** ⓐ 리조

글감 사전

음식

삶이 암울하고, 공허하고, 절망적이라고 느껴질 때면 이것을 기억하길 바란다. 그럴 때 먹는 음식이 모든 것을 바꿀 수 있다는 것을 말이다.

나는 늘 무언가를 마음속으로 기대하며 살기를 좋아한다. 하지만 일상은 필연적으로 무료해지기 마련인데, 그럴 때면 달력을 보고 날짜 하나를 골라 '음식의 날'로 정한다. 이날이 되면 나는 적당히 고급스러운 와인 한 병을 사고, 응고시킨 우유를 튀겨 만든 프라이드 치즈 커드fried cheese curd나 버터에 볶은 독일식 파스타 스패츨이나 나의 최애 피자집에서 파는 두툼한 할머니식 파이 같은 맛있는 음식을 주문한다.

요리사였다가 지금은 음식 역사학자로 활동 중인 마이클 알밴즈도 피자에 관해 아는 것이 많다(사실은 나도 음식 역사학자라고 할 수 있다. 9일 전에 먹고 남은 음식을 방금 다 먹어치웠다는 점에서 말이다). 그가 가장 좋아하는 음식 관련 사실들을 소개한다.

"시칠리아 피자는 사실 뉴욕에서 만들어졌어요. 뉴욕에 사는 이탈리아인들이 모여 살며 형성된 동네인 리틀 이탈리아에서 빵집을 운영하던 제빵사들이, 더 많은 손님을 확보하려는 목적으로 시칠리아 전통 빵인 스핀초네에 소스와 치즈를 더 얹어서 팔기 시작한 거예요. 그러다 그 빵이 1990년대 초 뉴욕에서 인기가 많아지면서 피자라고 부르게 되었죠."

"사람들은 1800년대 말까지 토마토에 독성이 있다고 생각했어요. 부자들이 (납 성분이 많이 포함된) 백랍으로 만든 식사 도구로 토마토를 먹었기 때문이죠."

"토마토의 원산지는 이탈리아가 아니에요! 처음 재배된 곳은 중미인데 교역선박을 타고 유럽으로 전해지게 된 거죠."

그리고 관련 없는 이야기 하나. "옥수수는 알갱이마다 수염이 한 올씩 있어요."

미국 레스토랑협회 소속 요리사인 그레고리오 페드로사가

여기에 유제품 정보를 추가해주었다. 내 배에서는 벌써 꼬르륵 소리가 나기 시작했다….

"필라델피아 크림치즈는 사실 필라델피아에서 만들어진 제품이 아니에요. 1800년대에 필라델피아는 품질 좋은 유제품을 생산하기로 유명했죠. 그래서 기업 창립자가 제품 이름에 필라델피아를 넣었다고 합니다."

다음 한 입 거리들을 읽는 독자들의 입에도 군침이 돌기를 바란다.

- '저먼 초콜릿 케이크german chocolate cake'는 이름과는 달리 독일과 아무런 관련이 없다. 초콜릿, 피칸, 코코넛으로 만든 이 디저트는 1852년에 새뮤얼 '저먼'이라는 사람이 만든 케이크라서 이런 이름이 붙었는데, 그는 미국인이다.

- 아이스크림은 고체이자 액체이며 기체이다.

- 익은 바나나에 자외선을 비추면 파란색으로 보인다.

음식

- '고양이 오줌 냄새'는 소비뇽 블랑을 칭찬할 때 쓰는, 정말로 사용되는 와인 용어이다.

- 2019년 9월 요리사 마리야 러셀은 흑인 여성으로는 처음으로 미슐랭 스타를 받았다. 그녀는 시카고에 있는 한 일식 레스토랑의 주방장이다.

- 중국의 식품과학자들은 영양가를 최고로 높이는 브로콜리 조리법을 찾았다. 브로콜리를 아주 잘게 다진 후 90분간 두었다가 살짝 볶는 것이다.

- 예전 맥주캔은 지금보다 40% 더 두꺼웠다. 그래서 캔을 찌그러뜨리는 행동은 한때 힘을 과시하는 방법으로 쓰였다.

- 요리사 모자에는 주름이 100개다. 이것은 달걀로 만들 수 있는 요리의 가짓수를 상징한다.

- 햄버거에 사용되는 노란색 가공치즈인 아메리칸 치즈는 캐나다 출생 이민자인 제임스 L. 크래프트가 만들었다.

- 매운 고추가 사랑받는 이유는 다음과 같다. 매운 양념이나 고추를 먹어서 위와 코와 입이 자극을 받으면 이 '고통'을 줄이기 위해 도파민과 엔도르핀 같은 화학 물질이 분비되는데, 이 물질에는 스트레스를 완화하고 기분을 좋아지게 하는 효과가 있다. 스트레스를 받았거나 우울한 날 유난히 생각나는 매운 음식은 이런 과학적인 이유로 꾸준한 사랑을 받고 있다.

- 미국 성인 중 5%는 채식주의자이다.

- 도리토스는 미국에서 가장 인기가 많은 나초칩이다. 도리토스가 가장 많이 소비되는 시간대는 저녁 8시에서 밤 11시 사이이다.

- 고구마는 동일한 면적에서 기르는 농작물 중 가장 영양분이 많다.

- 천주교 신자라면 우주선 모양 캔디로 알려진 '플라잉소서'와 미사 때 사용되는 성찬식 제병(밀떡) 맛이 비슷하다는 것을 알아차렸을지도 모른다. 사실 둘은 같다고 볼

수 있다. 플라잉소서의 제조회사인 벨지카Belgica는 원래 성찬식 제병을 생산하는 업체였는데 1940년대 말부터 성당을 찾는 사람이 줄어들면서 발생한 손실을 메우기 위해 사탕을 만들기 시작했고, 1951년에 플라잉소서를 만들었다.

- 전문 셰프 중 여성이 차지하는 비율은 24%뿐이지만, 미국에서 가장 유명한 요리학교인 CIAThe Culinary Institute of America 재학생 중 반 이상이 여성이다.

- 2010년 무렵 미국인의 연간 탄산음료 소비량은 평균 172L였다. 이 수치는 꾸준히 감소하여 2019년에는 148L로 줄었다.

- 생각과는 달리 마요네즈는 질병을 옮기기 쉬운 매개체가 아니다. 마요네즈에는 레몬즙이나 식초와 같은 산성 성분이 포함되어 있는데, 산성은 해로운 박테리아가 발생하는 것을 억제한다.

- 수박은 과일이자 채소인 과채류果菜類로 분류되며 수박의

92%는 물이다.

- 시카고 시민을 위한 정보가 있다. 시카고의 향토술인 말로트는 금주법이 있었던 시기에 의약품으로 판매되었다. 워낙 쓰고 독한 술이라 법 집행기관에는 말로트를 즐겨 마실 사람이 없을 거라고 생각했기 때문이다.

- 우유 대체품인 아몬드 밀크는 12세기에, 어쩌면 그보다 이전에 발명되었다.

- 방울양배추에 대한 수요가 늘어나자 20년 전보다 쓴맛이 덜 나도록 품종 개량이 이루어졌다. 그래도 싫어하는 사람은 여전히 싫어한다.

- 와인 한 병을 만드는 데에는 포도 700알 정도가 필요하다.

- 미국 연방 대법관 엘레나 케이건은 2011년 대법원 카페테리아에 요거트 아이스크림 기계를 들였다.

음식

- 미국에서 가장 인기 있는 아이스크림 맛은 바로! (두구두 구두구두구) 바닐라다.

- 레몬, 라임, 오렌지, 자몽은 전부 교배해서 만들어낸 과일이다.

- 오늘날 우리가 캔디콘이라고 부르는 옥수수 모양 젤리는 1880년대에 처음 나왔을 때 '닭모이'라고 불렸고, 미국 농촌에서 주로 판매되었다.

- 곡물로 만든 술인 위스키는 생산지에 따라 철자를 다르게 쓴다. 스코틀랜드나 캐나다, 일본에서 생산한 위스키는 'whisky', 미국이나 아일랜드에서 생산한 위스키는 'whiskey'라고 쓴다.

- 2018년 샌디에이고에서 소녀들이 걸스카우트 쿠키를 단 6시간 만에 300상자 넘게 판 적이 있다. 비결은 마리화나 판매점 옆에 자리 잡는 것이었다.

- 여성이 점심 메뉴로 수프를 주문할 확률은 남성보다 두

배 높다.

• 애플파이는 미국 음식이 아니다. 지금까지 알려진 애플파이 조리법 중 가장 오래된 것은 1381년 영국에서 만들어진 것이다.

• 코로나19로 인해 일시 해고를 당한 워싱턴의 한 여성은 수 개월간 주말 포함 매일 8시간씩 라자냐를 만들어 음식이 필요한 사람에게 나눠주었다. 그녀는 1,200개가 넘는 라자냐를 만들어 수많은 필수근로자들에게 제공했고 '라자냐 부인'이라는 별명을 얻었다.

• 엠앤엠즈M&M's는 미국의 사탕 및 초콜릿류 가운데 가장 인기가 높은 제품이다. 리세스 피넛버터컵과 허쉬 키세스가 그 뒤를 잇는다.

• 커피 이름에 많이 사용되는 모카mocha는 예멘의 항구 도시 모카Mocha에서 따온 단어다. 모카는 한때 커피 생산의 중심지였는데 모카산 원두는 초콜릿 풍미가 강한 것으로 유명하다.

음식

- 아웃백outback은 호주의 내륙 황무지를 뜻하는 단어지만, 패밀리레스토랑 프랜차이즈 아웃백스테이크하우스는 호주와 상관없는 미국 기업이다. 물론, 호주에도 아웃백스테이크하우스가 있긴 하다.

- 플라스틱은 탄산가스를 흡수한다. 그래서 캔에 든 탄산음

한때는 양심적이었던 허쉬초콜릿

허쉬 초콜릿바가 출시된 1900년부터 1969년까지 '니켈Nickel 허쉬바' 혹은 '5센트 허쉬바'라는 제품이 꾸준히 생산됐다. 가격은 늘 5센트였지만 초콜릿바의 크기는 코코아와 설탕 가격의 변동에 따라 커지거나 작아졌다. 특히 흥미로운 건, 코코아 가격이 내려갈 때는 바의 크기가 다시 커졌다는 점이다. 그렇게 하면 허쉬가 보는 이익이 줄어들 텐데도 말이다. 1969년에 초콜릿바 하나당 무게가 21g까지 줄어들자, 허쉬는 결국 5센트바를 단종시켰다.

사실 그보다 몇 해 전에 10센트바가 출시됐는데, 이 제품 또한 크기가 바뀌곤 했다. 진열된 초콜릿바를 자세히 살폈다면 5센트바는 10센트바에 비해 크기가 절반 이상 작았다는 것을 알아차렸을 것이다. 내가 어렸을 때인 1960년대에 우리 동네에 있던 가게에서 크기를 비교했던 게 기억난다.

10센트바 역시 1970년대 중반 슈퍼인플레이션이 닥칠 때까지 원자재 가격 변동에 따라 크기가 달라졌다. 1974년이 되자 가격이 15센트로 올랐고 1974년 말에는 그해 초 10센트바의 크기보다 작아졌다.

료와 병에 든 탄산음료의 맛이 다르다. 또한 플라스틱과 알루미늄이 가진 고유의 맛도 음료의 맛에 영향을 준다.

- 길쭉한 샴페인잔에 샴페인을 따른 뒤 건포도 하나를 떨어뜨리면 건포도가 위아래로 오르락내리락한다. 과학적 원리 때문이다. 샴페인에 들어있는 이산화탄소가 건포도의 주름진 표면에 달라붙으면서 건포도가 위로 올라가고, 기포가 터지면 내려가는 것을 반복한다.

- 일부 전문가들은 아이스크림을 숟가락으로 떠먹는 것보다 핥아먹는 게 더 맛있다고 말한다. 아이스크림은 녹았을 때 맛이 더 강해지는데, 핥아먹으면 아이스크림이 혀에 닿는 시간이 길어지면서 시원하고 달콤한 맛을 더 많이 느낄 수 있다는 것이다.

- 1인당 아이스크림 소비량이 가장 큰 나라는 뉴질랜드다. 뉴질랜드 사람들은 1년에 아이스크림을 평균 34L 정도 먹는다.

- 런던탑을 지키는 36명의 근위병인 요먼 워더Yeoman Warder

음식

는 '소고기를 먹는 사람'이라는 뜻의 비피터Beefeater라고
도 불린다. 이들은 생일에 진(술)을 한 병씩 선물 받는데,
참고로 이 술은 유명한 진 브랜드인 비피터와는 관련이
없다.

- 전체 미국인이 하루에 먹는 피자의 넓이는 40만m^2이다.

- 고급 식재료인 캐비어(철갑상어 알)는 18세기 미국 술집
에서 무료로 주는 안주였다. 짭짤한 맛 때문에 손님들이
갈증을 느껴 마실거리를 주문하도록 했기 때문이다. 게다
가 저렴했다. 그런데 20세기에 접어들어 철갑상어를 남
획하면서 캐비어는 러시아에서 수입해야 하는 별미가 되
었고 가격은 치솟았다.

- 1795년부터 1858년까지 통조림 제조사에서는 소비자들
에게 뚜껑을 열 때 망치와 끌을 사용하라고 설명했었다.
초기 통조림 따개는 그 이후에 나왔고 1870년이 되어서
야 뚜껑을 여는 방식이 눈에 띄게 개선되었다. 그래도 미
국인들은 1900년까지 상점 직원에게 통조림 뚜껑을 열어
달라고 해야 했다.

- 호주산 사과 품종인 그라니스미스Granny Smith의 품종명은 자기 집 마당에서 이 사과를 재배한 영국계 호주인인 마리아 앤 스미스 할머니granny의 이름을 따라 지어졌다.

- 2002년 버거킹은 패스트푸드 체인 중 처음으로 비건(채식주의자) 버거를 팔기 시작했다.

- 미국 해산물 레스토랑 체인점인 레드랍스터는 사람들이 먹을 수 있는 양을 과소평가한 채 무제한 게 뷔페를 22.99달러에 선보였다가 300만 달러 규모의 적자를 보았고, 이로 인해 파산할 지경까지 이르렀다.

- 사람들은 와인 가격이 높을수록 품질이 더 좋다고 평가하는 경향이 있다.

- 성경에 따르면, 더 구체적으로는 창세기 1장 20~22절에 따르면, 달걀보다 닭이 먼저다. ("하나님이 이르시되 물은 생물을 번성하게 하라, 땅 위 하늘의 궁창에는 새가 날으라 하시고, 하나님이 큰 바다짐승들과 물에서 번성하여 움직이는 모든 생물을 그 종류대로, 날개 있는 모든 새를 그 종류대

음식

로 창조하시니 하나님이 보시기에 좋았더라.")

· 미국에서 가장 많이 팔리는 맥주는 버드 라이트이다.

· 미국에서는 웨딩케이크 한 조각을 보관해 두었다가 첫 번째 결혼기념일에 먹는 전통이 있다. 그때쯤이면 아기가 생겼을 것이라는 가정 때문에 생겨난 문화이다. 아기의 탄생을 (오래된) 케이크로 축하할 수 있는 것이다.

· 몇몇 전문가들은 기네스 맥주가 아일랜드산이 아니라 웨일즈 맥주라고 주장한다.

· 아이스크림 콘 끝부분에 초콜릿을 넣는 이유는 아이스크림이 녹아 흘러나오는 것을 막기 위해서다. 멋진 아이디어가 아닐 수 없다!

· 파인애플이 토핑으로 올라가는 하와이안 피자는 사실 캐나다에 사는 그리스 남성이 처음 만들었다.

· 매년 미국인 여섯 명 중 한 명은 식중독에 걸리는데, 식중

독은 가장 최근에 먹은 음식 때문에 걸리는 게 아니다. 음식을 먹고 나서 적어도 여섯 시간은 지나야 증상이 나타나기 때문이다. 딱히 기분 좋은 정보는 아니지만, 배를 아프게 한 원인이 무엇이었는지 찾는 데 도움이 될 수 있다.

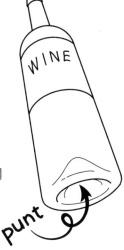

• 와인병 바닥의 움푹 들어간 부분을 가리키는 단어가 따로 있는데 바로 '펀트punt'이다.

• 죽마고우 사이인 벤과 제리는 원래 베이글 가게를 열려고 했지만 장비가 너무 비싸서 포기하고 대신 벤앤제리스라는 아이스크림 가게를 열었다. 그렇게 연 가게는 세계적으로 성공했다. 버몬트주 사우스벌링턴에 있는 본사 직원들은 매일 아이스크림 파인트(0.47L) 세 통을 무료로 가져갈 수 있다.

• 아이스크림에 관한 이야기는 도저히 멈출 수가 없다. 아이스크림이 부드럽고 가벼운 이유는 미세한 공기방울로

음식

채워져 있기 때문인데, 아이스크림이 녹으면 공기방울이 사라진다. 따라서 녹았다가 다시 언 아이스크림은 부드럽지 않고 단단해진다.

- 과자와 빵을 생산하는 기업인 필스버리의 마스코트는 '밀가루 반죽으로 만든 아이'라는 뜻으로 필스버리 도우보이Pillsbury Doughboy라고 불리곤 한다. 하지만 이 마스코트에는 이름이 따로 있는데, 오븐에서 갓 나왔다는 의미의 '파핀 프레시Poppin' Fresh'이다.

- 다이어트 중이라면 도움이 될 만한 소식이 있다. 일반적인 초콜릿바에는 곤충 파편이 조금씩 들어간다는 사실! 초콜릿의 주원료인 카카오를 수확할 때 곤충이 조금씩 섞여 들어가기 때문이다. 만약 다이어트를 하고 있지 않다면, TMI를 방출해서 미안하다.

- 지금까지 남아있는 가장 오래된 케이크는 1840년에 만들어진 빅토리아 여왕과 앨버트 공의 웨딩케이크이다.

- 데니쉬빵은 '덴마크(인)의'라는 뜻의 영어 단어 Danish

와는 달리, 덴마크가 아닌 오스트리아에서 만든 빵이다.

- 미국의 커피 회사 초크풀오넛츠Chock Full o'Nuts는 넛츠, 즉 견과류를 팔지 않는다. 견과류 사업으로 시작한 회사이 기는 하지만 커피 판매를 추가한 후 견과류 사업은 중단했다.

- 당근은! 시력을! 좋게! 해주지! 않는다! 그리고 밤눈을 더 밝게 해주지도 않는다. 제2차 세계대전 당시 영국군은 레이더 기술을 발전시켜 적군의 전투기를 전례 없는 정확도로 격추했다. 그러나 이 새로운 기술을 숨겨야 했기 때문에 영국군은 조종사들이 당근을 많이 먹어 정확도가 높아졌다는 소문을 퍼뜨렸다. 이 거짓말은, 당근이 풍작이었던 당시 영국의 당근 소비량을 증가시키는 데 일조하기도 했다. 비록 시력을 좋게 해주지는 않지만, 당근에 포함된 베타카로틴은 눈 건강에 약간 이롭기는 하다.

- 커피를 마시면 심장병, 호흡기 질환, 당뇨병으로 사망할 확률이 줄어든다.

• 일본에서는 네모난 수박을 농작하기 시작했다. 쌓아두기가 훨씬 수월하기 때문이다.

• '블러디 메리'라는 이름의 칵테일은 원래 피가 담긴 양동이라는 뜻인 '버킷 오브 블러드'라고 불렸다. 이는 웨스트 사이드 시카고에 있었던 나이트클럽 이름에서 따온 명칭이다. 이후 붉은 도미라는 의미의 '레드 스내퍼'로 이름이 바뀌었다가 마침내 블러디 메리가 되었는데, 여기서 메리가 누구를 의미하는지는 분명하지 않다.

• 팝콘은 약 4,000년 전 남미의 고대문명인 아즈텍 사람들이 발견했다. 이들에게는 옥수수알이 터지면서 나는 소리를 가리키는 단어도 따로 있었는데 바로 '토토포카 totopoca'이다.

• 다이어트 콜라 캔을 물속에 넣으면 둥둥 뜨지만, 일반 콜라 캔은 가라앉는다. 일반 콜라에는 다이어트 콜라에 들어간 감미료인 아스파탐보다 더 많은 양의 설탕이 들어있어서 밀도가 더 높기 때문이다.

- 파운드 케이크는 네 가지 재료를 각각 1파운드씩 사용해서 만들기 때문에 이런 이름이 붙었다. 그 네 가지 재료는 바로 달걀, 밀가루, 설탕, 그리고 버터다.

- 1850년대부터 영국에서는 소시지를 '미스터리가 담긴 자루bags 0 mystery'라고 불렀다. 어떤 재료로 만들었는지 불확실하다는 의미이다.

- 미국 어린이의 96%가 맥도날드의 광대 캐릭터인 로널드 맥도날드를 알고 있다.

- 미국중앙정보국(CIA) 본부에도 스타벅스가 있다. 하지만 컵에 주문하는 사람의 이름을 써주지는 않는다. 그럴 만한 이유가 있으니까.

- 금주법이 있었던 시기에 포도 농사꾼들은 정확히 '어떻게 하면' 포도주스가 와인으로 바뀌지 '않는지'에 대한 자세한 설명문과 함께 포도주스를 팔았다.

- 미국 사탕 브랜드인 페즈Pez의 이름은 페퍼민트를 뜻하

는 독일어 pfefferminz에서 따왔다. 지금은 여러 가지 맛이 있지만, 초창기 페즈 사탕은 박하(페퍼민트)맛 뿐이었다.

- 수프는 약 2만 년 전부터 있었다. 고고학자들이 발견한 가장 오래된 수프의 흔적은 기원전 6,000년에 만든 것으로 추정되는 하마 수프의 찌꺼기였다.

- 초기 아메리카 대륙 탐험가들은 파인애플이 솔방울pine-cone을 닮았다고 하여 그렇게 부르기 시작했다.

- 다시 튀긴 콩이라는 뜻의 리프라이드 빈refried beans은 사실 콩을 한 번만 볶은 음식이다.

- 운동 전에 치아시드chia seed를 먹으면 효과가 좋다. 치아시드는 자기 무게의 30배에 달하는 수분을 흡수한 후 체내에서 천천히 수분을 내보내기 때문이다.

- 1980년대 중반에 '괴짜의 아침 시리얼Nerds Breakfast Cereal'이라는 제품이 있었다. 시리얼 상자가 두 칸으로 나

뉘어 있고 각각 다른 맛 시리얼이 담겨 있는 상품이었다. 하지만 오래 가지는 못했고 1980년대 말에 생산이 중단 됐다.

• 사람들은 흔히 갈색 달걀이 더 비싸고 '더 자연적'이라 고 생각하지만, 흰 달걀보다 나은 점은 딱히 없다. 달걀껍 데기 색은 암탉의 먹이나 사육 방식과는 아무런 관계가 없다. 단지 닭의 품종 차이일 뿐이다. 갈색이든 흰색이든 (혹은 푸른색이든 크림색이든) 다 건강에 좋다.

• 투시팝Tootsie Pop 막대사탕은 몇 번을 핥아야 안쪽에 있는 캐러멜이 나올까? 퍼듀대학교와 미시간대학교의 용감한 연구원들이 이 질문에 답을 찾기 위해 '핥는 기계'를 개 발했다. 미시간대학교에서 만든 기계로는 411번, 퍼듀대 학교에서 만든 기계로는 364번, 그리고 퍼듀대학교의 '인 간 지원자들'은 252번을 핥고 나서야 캐러멜에 도달했다. 그러니까, 아직 정확한 결론은 내지 못했다는 얘기다. 실 험을 이어나갈 좋은 핑계다.

• 젤리를 직접 만들어 먹을 수 있는 젤리 믹스 젤로Jell_O에

음식

는 풍선껌맛, 혼합채소맛, 셀러리맛, 양념한 토마토맛, 그리고 이탈리안 샐러드맛이 있었는데 지금은 모두 단종되었다. 특히 이탈리안 샐러드 맛은 이탈리안 드레싱을 곁들인 파스타의 맛을 구현했다고 한다.

- 러시아에서는 2013년까지 맥주를 비롯해서 알코올 도수가 10% 미만인 모든 증류주를 음식으로 분류했다.

- 인기 과자인 치토스 플레이밍 핫은 치토스 공장 건물 청소부가 개발했다.

- 밀크더드 초콜릿의 이름에 불량이라는 뜻의 영어 단어 '더드dud'가 들어가게 된 이유는, 1928년 당시 이 초콜릿의 제조사였던 F. 호프만의 초콜릿 기계가 초콜릿을 입힌 완벽하게 둥근 캐러멜을 만들지 못해서였다. 현재 밀크더드 초콜릿 생산은 허쉬로 넘어갔지만 여전히 모양은 불량이다.

- 1907년 켈로그의 시리얼 광고에는 켈로그 제품 판매원에게 윙크하는 여성은 무료로 콘플레이크를 받을 수 있다

는 내용이 있었다.

• 중국음식에 흔히 들어가는 조미료인 MSG가 소금보다 건
  강에 더 안 좋다는 것은 근거 없는 소문이다. MSG가 이
  른바 '중국요리증후군Chinese Restaurant Syndrome'을 유발
  한다는 인종차별주의자들의 견해가 틀렸다는 것은 1990
  년대에 실행한 연구로 이미 밝혀졌다.

• 탄산음료인 마운틴듀는 원래 밀주密酒를 가리키는 속어
  였다.

• 아보카도는 블루베리나 포도와 같은 베리berry류에 속
  한다.

• 앵무새 캐릭터가 그려진 과일맛 시리얼 프루트룹스는 각
  각의 색은 다르지만 모두 같은 맛이다.

• 아이스크림을 막대기에 꽂은 형태인 팝시클popsicle은
  1905년에 어느 열한 살 아이가 우연히 만들었다. 단맛이
  나는 소다 분말에 물을 섞어서 밤새 쌀쌀한 바깥에 내버

음식

려 두었던 것이 얼면서 만들어진 것이다.

• 익은 크랜베리는 바닥에 떨어뜨리면 공처럼 튀어오른다.

작가와 책

 평생을 작가이자 충실한 학생으로 살아온 나지만 한 가지 고백할 게 있다. 대학 시절, 나는 셰익스피어 작품으로 치른 중간고사에서 더블 F를 받았다. 내 책상 위에 시험지를 털썩 놓고 가신 교수님의 모습과 두꺼운 마커로 붉게 휘갈긴 두 개의 F를 혼란스러운 마음으로 바라보던 내 모습을 잊을 수가 없다. 눈에 눈물이 고인 채 뒤를 돌아 친구 피터에게 이렇게 물어보았다.

 "더블 F가 무슨 뜻이야?"

 "처참하게 낙제했다Friggin Failed는 뜻이지."

 피터의 말이 맞았다. F 하나로는 부족할 정도로 시험 결과는 엉망이었다. 몇 개월을 혹독하게 공부하고 추가 점수도 따내면서 결국 이 과목의 최종 점수로 B를 받았다. 그러면서 셰익스피어 작품의 진가를 알아보게 되었고 심지어 좋아하게 되었지만, 난 셰익스피어를 학창 시절 가장 두려웠던 순간과 늘

연결하게 될 것이다. 그래도 이번 장에서 그 유명한 영국 할아버지를 빼놓는 것은 있을 수 없는 일이다.

대서양을 건너기 전에 양키들의 이야기를 먼저 해보자. 앨리슨 샌슨은 미국 작가 박물관의 프로그램 관리자이다. 그녀에게 가장 좋아하는 문학 관련 이야기를 들려달라고 했더니 내게 헤밍웨이 이야기를 소개했다. 만족스러운 이야기였다. 헤밍웨이가 술꾼이었다는 말을 많이 들었기 때문에 나는 늘 그가 글을 쓸 시간을 도대체 어떻게 냈는지 궁금했다. 샌슨은 이런 궁금증을 해결해주었다.

"어니스트 헤밍웨이는 광란의 파티를 즐기고 흥청망청 낭비하는 전형적인 20세기 남성 작가로서의 모습뿐만 아니라 그의 업적으로도 기억되죠. 네 번 결혼한 그와 그의 부인들에 관한 우스갯소리들이 아니더라도 헤밍웨이는 많은 부분에서 영원히 기억될 거예요. 전직 기자로서 확고한 직업의식을 유지했기 때문이죠. 헤밍웨이는 종종 서랍장이나 큰 나무상자 위에 타자기를 올려놓고 서서 일했어요. 제1차 세계대전과 여러 모험에서 입은 부상 때문에 만성통증을 얻었거든요. 그래도 매일 오전에 세 시간에서 다섯 시간 정도 글을 쓰는 것은 멈추지 않았죠."

그 누구도 아닌 파파(헤밍웨이의 별명) 때문에 나의 직업의 식이 부끄러워지리라고는 전혀 생각하지 못했다. 하지만 더 열심히 일하라는 동기 부여로 삼겠다. (헤밍웨이가 가장 좋아했던) 드라이 마티니 한 잔을 손에 들고 말이다.

- 동화작가 닥터 수스의 담당 편집자는 50개 이하의 단어로 책을 쓰는 것은 불가능하다며 내기를 제안했다. 이에 닥터 수스는 보란듯이 50개 단어로만 쓴 동화 「초록 달걀과 햄Green Eggs and Ham」을 내놓았다. 추가로, 닥터 수스의 자동차 번호판에는 번호 대신 그의 대표작인 '그린치GRINCH'라는 단어가 적혀있었다.

- 「허클베리 핀의 모험」, 「톰 소여의 모험」을 쓴 작가 마크 트웨인은 핼리혜성이 나타난 1835년에 태어났는데, 그 혜성이 다시 나타날 때 자신이 죽을 거라고 예상했다. 실제로 트웨인은 1910년 핼리혜성이 가장 밝게 빛난 다음 날 유명을 달리했다. 또한 수십 권의 책을 썼음에도 불구하고 그는 초등 수준 이상의 교육을 받은 적이 없다.

- 레프 톨스토이의 아내 소피야 톨스토이는 「전쟁과 평화」

를 무려 일곱 번이나 손으로 옮겨 적었다. 상상이나 할 수 있겠는가? 레프 톨스토이의 필체는 아주 엉망이어서 그의 아내 외에는 아무도 알아보지 못했기 때문에 이 작품을 쓰고, 읽고, 편집하는 과정 전체를 소피야가 도맡았다고 한다. 톨스토이 얘기가 나와서 하나 추가하자면, 톨스토이의 이름 '레프'는 영어로 리오Leo라고 쓰는데, 라틴어로 '사자'라는 뜻이다.

- 그웬돌린 브룩스는 1950년에 「애니 앨런Annie Allen」이란 제목의 시집으로 퓰리처상을 수상한 최초의 흑인 작가가 되었다.

- 1740년 프랑스의 작가 가브리엘 수잔 바르보 드 빌뇌브는 당시 여성들이 중매결혼을 자연스러운 것으로 받아들

이런 소설이 정말 가능해?

「개즈비Gadsby」는 어니스트 빈센트 라이트가 쓴 소설로 이 작품에는 약 5만 개의 단어가 쓰였는데, 알파벳 'E'는 단 한 개도 들어가지 않았다. 이 소설은 특이하긴 했지만 안타깝게도 별로 인기를 끌지는 못했다.

이는 데 도움을 주기 위해 「미녀와 야수」를 썼다. 이 작품에 등장하는 야수는 코끼리와 물고기를 합친 모습으로 묘사되었다.

- 메리 셸리가 열아홉 살에 집필을 마친 「프랑켄슈타인」은 그녀가 스무 살이 되었을 때 출간되었다. 모성과 어머니상을 다루는 이 작품은 최초의 SF소설로 널리 알려져 있다.

- 소설 속에서 프랑켄슈타인 박사가 만든 괴물은 채식주의자이다.

- 1634년에 발표된 「잠자는 숲속의 공주」 원작에서 공주는 100년 동안 잠을 잤다.

- 고대 그리스어로 쓰인 글은 띄어쓰기가 되어있지 않다.

- 1993년 노벨문학상을 수상한 작가 토니 모리슨은 30대가 되어서야 글을 쓰기 시작했고 첫 번째 작품인 「가장 푸른 눈The Bluest Eye」은 39세에 발표했다. 대기만성형 인

간들 만세!

• 코맥 매카시는 50년이 넘도록 50달러짜리 중고 타자기로
「핏빛 자오선」, 「노인을 위한 나라는 없다」를 비롯한 여
러 작품을 썼다. 마침내 타자기가 고장나자 그는 타자기
를 경매에 부쳤고 수익금 25만4,500달러는 과학연구기관
인 샌타페이연구소에 기부했다.

• 지금은 흔히 쓰이는 '제시카'라는 이름을 처음 만들어낸
사람은 셰익스피어이다. 그는 「베니스의 상인」에 등장하
는 샤일록의 딸에게 그 이름을 붙여주었다.

• 제이디 스미스는 「하얀 이빨」, 「온 뷰티」, 「런던, NW」 등
의 작품으로 유명 작가가 되기 전, 대학 등록금을 벌기 위
해 영국에서 카바레 가수로 일했다.

• 엘윈 브룩스 화이트의 동화에 등장하는 생쥐 '스튜어트
리틀'은 원래 생쥐가 아니다. 그는 '모든 면이 생쥐와 매
우 흡사한' 인간 소년이었다.

- 제인 오스틴이 처음 「오만과 편견」의 원고를 출판사에 투고했을 때의 제목은 「첫인상First Impressions」이었다. 결과는 좋지 않았다.

- 독서가 스트레스 감소에 효과가 있다는 사실이 입증되었다.

- 많은 여성 작가들은 자신의 작품이 좀 더 편견 없이 받아들여지도록 종종 남성 혹은 중성적인 필명을 사용했다. 브론테 자매(커러, 액턴 벨, 엘리스라는 필명으로 활동), 메리 앤 에번스(필명: 조지 엘리엇), 넬 하퍼 리(필명: 하퍼 리), 조앤 쿠퍼(필명: J. 캘리포니아 쿠퍼), 루이자 메이 올컷(필명: A. M. 바너드) 등이 그렇다.

- 척 팔라닉은 영화로 제작된 「파이트 클럽」이 자신의 원작 소설보다 낫다고 말했다.

- 역사상 가장 비싸게 팔린 책은 빌 게이츠가 3,080만 달러를 주고 산 책이다. 제목은 「코덱스 레스터Codex Leicester」로 16세기에 레오나르도 다빈치가 쓴 과학기록장이다.

- 17세기 프랑스 작가 볼테르는 매일 커피를 40~50잔씩 마셨다고 한다.

- 기자들이 쓰는 작은 수첩은 클로드 시톤이라는 기자가 '발명'한 것이다. 그는 흑인 인권운동을 취재하던 중 시선을 끌지 않기 위해 공책을 반으로 잘라서 가지고 다녔다. 외투 안주머니에 든 수첩을 권총으로 오해한 사람이 그를 FBI 요원처럼 대하기도 했다고 한다.

- 「이상한 나라의 앨리스」는 실존 인물인 앨리스 리들이라는 열 살 아이를 모델로 하여 쓴 작품이다. 앨리스 리들은 작가 루이스 캐럴의 친구 해리의 여동생이었다.

- 아서 코난 도일의 작품에서 셜록 홈스는 "기본적인 걸세, 친애하는 왓슨Elementary, my dear Watson"이라는 말을 한 번도 한 적이 없다. 작품 속에서 홈스는 '기본적elementary'이라는 표현을 자주 쓰기는 하지만 이 표현은 1902년 즈음 대중 사이에서 자연스럽게 생겨난 듯하다. 도일은 1887년부터 1927년까지 홈스 시리즈를 썼다.

- 세상에서 가장 두꺼운 책은 마르셀 프루스트의 「잃어버린 시간을 찾아서」이다. 1913년에 출간된 이 작품에는 960만9,000개의 글자가 쓰였다.

- 제목이 가장 긴 책은 비탈라 예틴드라 박사가 2019년에 낸 책으로 제목에 3,777개의 단어가 들어있다. 책 제목은 「심장의 역사적 발달, 즉 환형동물 형성부터…The Historical Development of The Heart i.e. from Its Formation from Annelida …」로 시작한다.

- 필리스 위틀리는 1773년에 미국의 첫 흑인 작가가 되었다. 첫 번째 시가 발표되었을 당시 위틀리는 열두 살이었다.

- 폴란드 바르샤바에는 주민 10만 명당 도서관이 11.5곳이나 있어 세계 어느 곳보다 인구당 도서관 수가 많다. 포르투갈 리스본은 인구수 대비 가장 많은 서점이 있는 지역으로, 인구 10만 명당 42곳이나 있다.

- 총 58권으로 구성된 R. L. 스타인의 공포소설 시리즈 「구

스범스」에서는 아무도 죽지 않는다. 공포소설을 쓰기 전 스타인은 껌 포장지에 실리는 웃긴 이야기를 썼다.

• 존 스타인벡의 개는 「생쥐와 인간」의 초고 일부를 먹은 적이 있다.

단어와 어원

스탠드업 코미디언으로서 확실하게 말할 수 있는 게 있다. '수프soup'라는 단어가 들어가면 무조건 웃기다는 것이다. 예를 들어 "나는 울었다"라는 문장은 슬프지만 "나는 수프에 얼굴을 묻고 울었다"라고 하면 비극적 요소는 줄어들고 희극적 요소가 늘어난다. 그런데 국립언어박물관 그레그 네드베드 관장은 수프라는 단어가 내가 알고 있던 것보다 더 재미있다는 사실을 알려주었다.

"사전편찬가 노아 웹스터는 수프의 원래 철자를 'soop'로 썼지만 널리 사용되지는 않았어요."

수프를 'soop'으로 쓰는 건 멋진 일이다. 'soup'로 쓰는 것보다 왠지 더 슬퍼 보이지만 더 웃기게 보인다. 두 번 들어간 'o'가 유령의 눈처럼 보여서 그런가…. 모르겠다. 어쨌든 난

'soop'라고 쓰는 데 대찬성이다. 혁명을 시작해보자. 그 전에, 어학체험박물관 플래닛 워드Planet Word에서 보내준 아래 정보를 읽어보자.

"잡학상식을 뜻하는 영어 단어 트리비아trivia는 세 갈래 길이 교차하는 지점이라는 뜻의 라틴어를 그대로 사용한 거예요. 교차로에서 사람들이 만나 여러 정보를 교환하고 수다를 떨었다는 데서 유래 했죠."

자, 이렇게 트리비아에 대한 트리비아를 나누었다. 다음은 언어와 단어에 대한 더 많은 트리비아다.

• 성경 창세기에 등장하는 니므롯Nimrod은 노아의 자손으로 사냥을 아주 잘하는 인물로 묘사되었다. 영어 단어 '님로드nimrod' 역시 원래는 '사냥꾼'을 뜻했고 TV 만화 프로그램 「벅스 바니」에서도 벅스 바니가 사냥꾼 엘머 퍼드를 님로드라고 불렀다. 하지만 멍청한 캐릭터인 엘머 퍼드 때문에 님로드는 얼간이라는 뜻으로 변했다.

• 감탄사 'Oh! My God!'의 줄임말 OMG가 처음으로 사

용된 것은 1917년이었다. 재키 피셔 경이라는 사람이 윈
스턴 처칠에게 보낸 서한에는 O.M.G.라고 표기한 뒤 바
로 옆에 Oh! My God!이라고 풀어 쓴 것을 볼 수 있다.

• 일부 일란성 쌍둥이들은 자기들끼리만 알아들을 수 있는
언어를 만든다. 이 현상을 크립토파시아cryptophasia라고
한다.

• 1913년 「뉴욕월드」지 편집자인 아서 윈이 처음으로 가로
세로 낱말퀴즈인 크로스워드crossword를 만들었을 때 그
는 이것을 '워드크로스 퍼즐word-cross puzzle'이라고 불렀
다. 하지만 인쇄소 직원의 실수로 조판이 바뀌는 바람에
줄곧 '크로스워드'로 불렸다. 한편, 지금은 십자말풀이의
최고 기준이 된 「뉴욕타임스」는 1924년 칼럼에 십자말풀
이를 '최악의 시간 낭비'라고 언급했다.

• 태국어로 숫자 다섯은 '하'라고 발음한다. 그래서 웃음소
리 '하하하'를 태국 인터넷 은어로 표기하면 '555'가 된다.

• 강점을 뜻하는 단어 '포르테forte'는 본래 펜싱 용어다. 포

르테는 펜싱 칼에서 가장 단단한 부분을 가리킨다.

- 1973년, 작가이자 저널리스트인 노먼 메일러는 '팩토이드factoid'라는 단어를 만들어냈다. 절반만 사실인 내용을 마치 진짜 사실인 양 받아들이도록 해서 대중을 조종하는 데 쓰이는 정보를 가리킨다. 팩토이드의 의미는 점점 달라지다가 지금은 '재미있는 상식'을 가리키는 의미로도 쓰인다. 지금 이것처럼!

- 신혼여행을 뜻하는 '허니문honeymoon'은 신혼부부가 둘만의 시간을 갖도록 여행을 보내고, 결혼식 이후 한 달 동안 꿀로 빚은 술을 마시게 한 고대 바빌로니아 전통에서 파생된 것으로 추정된다.

- 극성팬, 광팬이라는 뜻의 단어 '스탠stan'은 2000년에 래퍼 에미넴이 발표한 히트곡 「Stan」에서 처음 사용되었다. 이 단어는 2019년에 메리엄 웹스터 사전에도 등재됐다.

- 1950년대부터 1960년대까지 미국에서 인기 절정을 찍은 자동차 극장은 '열정의 구덩이passion pit'라고 불리기도 했

다. 젊은이들이 사랑을 나누는 장소로 종종 이용했기 때문이다.

• 1837년, 아일랜드의 워터퍼드 후작은 영국의 멜턴모브레이라는 마을에서 친구들과 코가 비뚤어지도록 술을 마시고 마을에 있는 모든 문은 물론이고 백조 조각상까지 붉은색으로 칠했다. 이때 이후로 아무 생각도 하지 말고 실컷 술을 마시자는 의미로 '마을을 붉게 칠하자Let's paint the town red'라는 표현이 쓰였다. 이 사건으로 워터퍼드는 벌금을 내야 했다.

• 빅토리아 시대에는 가장 친한 친구를 '추카부chuckaboo'라고 불렀다.

• '힙스터hipster'라는 단어가 등장한 지 100년이 되어 간다. 1930년대 초반에는 댄서, 즉 엉덩이hip를 잘 쓰는 사람을 가리켰고, 후반으로 가서는 '재즈를 잘 아는 사람'으로 뜻이 변했다. 당시에는 어떤 분야에 '정통하다'는 의미를 표현할 때 힙hip과 헵hep을 썼고 힙스터hipster와 헵스터hepster는 서로 바꿔 쓰는 게 가능했다. 오늘날 힙스터라

는 말이 어쩌다가 최신유행을 좇는 사람을 의미하게 되었는지 정확하게 아는 사람은 없다.

- 늙었다는 뜻의 관용구 '이빨이 길다long in the tooth'는, 동물 말 때문에 생긴 표현이다. 말은 이빨 길이가 계속 길어지는 특성이 있어서, 이빨이 긴 말은 나이가 꽤 많다는 뜻이 된다. 말 외에도 이빨이 계속 자라는 동물이 있지만, 말의 이빨 길이가 특히 중요한 이유는 말 매매 때문이다. 말을 파는 사람이 말의 나이를 속이지 않았는지는 이빨을 보고 확인할 수 있다.

- 휴대폰을 두고 나와서 생기는 불안함이나 휴대폰이 잘 터지지 않는 곳에서 생기는 두려움을 가리키는 단어가 있다. 바로 노모포비아nomophobia이다. 휴대폰이 없을 때

책을 좋아한 시각장애인이 발명한 것

인생의 역경을 기회로 삼자! 더 많은 책을 읽고 싶었던 프랑스의 열렬한 독서가 루이 브라유는 후천적 시각장애인이었다. 그는 자신과 같은 시각장애인들이 책을 좀 더 쉽게 읽을 수 있도록 열다섯 살에 점자를 발명했다.

생기는 공포를 가리키는 '노 모바일 폰 포비아no mobile phone phobia'를 줄인 말이다.

- 스니커즈sneakers라는 단어를 처음 사용한 곳은 1862년 영국인 것으로 기록되어 있다. 여자교도소 내 수감자들은 교도관을 '스닉스sneaks', 즉 살금살금 다니는 사람이라고 불렀다. 교도관들은 고무 밑창이 달린 신발을 신고 수감자들이 눈치채지 못하게 다가가 감시할 수 있었기 때문이다.

- 영어에는 비 냄새를 의미하는 단어가 따로 있다. '페트리커petrichor'이다.

- 해시태그 부호(#)의 기술적 명칭은 '옥토소프octothorpe'이다.

- 지체된 일 혹은 밀린 일을 가리키는 영어 단어 '백로그backlog'는 뒤를 뜻하는 'back'과 통나무를 뜻하는 'log'가 합쳐진 단어로, 원래는 크기가 커서 가장 오래 탈 수 있는 큰 통나무 장작을 의미한다.

- 한국과 일본에는 일을 많이 해서 사망했다는 '과로사 death by overwork'라는 단어가 있다. 그럼에도 불구하고 일본은 세계에서 두 번째로 기대 수명이 긴 국가이며 한국은 2030년에 태어날 인구의 기대수명이 세계 1위를 차지했다.

- 2011년 메리엄 웹스터 사전은 문자 그대로라는 뜻의 'literally'에 '비유적으로figuratively'라는 뜻을 추가했다. 원래 literally와 figuratively는 서로 반대말이다.

- 쉬익 하는 소리를 내다라는 뜻인 'fizzle'은 후기 중세 영어에서 '방귀를 조용히 뀌다'라는 뜻이었다.

- 대체로 혹은 전반적으로라는 의미를 지닌 관용구 'by and large'는 항해 용어에서 유래했다. 16세기 초반에 'by'는 바람 방향을 따라 항해하는 배를, 'large'는 바람의 방향을 거슬러 항해하는 배를 가리켰다. 따라서 'by and large'는 말 그대로 '거의 모든 경우'를 뜻한다.

- 19세기에 트위터twitter는 말발굽에 난 종기를 가리켰다.

- 게임 중에 어떤 선택을 해도 자신에게 불리하고 상대방에게 유리한 선택을 할 수밖에 없는 상황을 뜻하는 독일어가 있다. '추크츠방zugzwang'이다.

- 아일랜드 사람이 "최고로 좋은 아침을 보내시길!Top of the mornin' to ya"하고 아침 인사를 하면 "나머지 하루도 최고로 보내세요!And the rest of the day to yourself"라고 대답하면 된다.

- '굿바이goodbye'는 'God bye'에서 유래했는데, 이는 16세기에 흔히 쓰인 '신이 함께 하시길God be with you'이라는 인사에서 비롯되었다.

- 인기그룹 데스티니스 차일드의 노래 제목으로 쓰인 덕분에 '섹시한'이라는 뜻을 가진 단어 'bootylicious'가 2004년에 옥스퍼드 영어사전에 실렸다.

- '봉투를 밀어내다'라고 직역할 수 있는 'push the envelope'는 '한계를 넘어서다'라는 의미의 관용구로 쓰인다. envelope는 봉투라는 뜻 외에도 천체를 둘러싸고 있는

단어와 어원

기체로 이루어진 바깥층을 의미하기도 한다. 미국 우주 계획에서는 항공기의 방향전환 역량과 속도를 고려할 때 항공기가 이 바깥층을 밀고 나갈 수 있는지 여부를 오래 전부터 중요하게 생각했다. 이 표현은 1979년, 우주 탐험에 관한 책 「올바른 일The Right Stuff」이 출간되면서 한계를 넘는다는 뜻으로 사용되기 시작했다.

- 긴 단어 공포증을 가리키는 영어 단어는 실제로도 엄청 긴 단어인 '히포포토몬스트로세스키페달리오포비아hippopotomonstrosesquippedaliophobia'이다.

- 읽기 어려운 글씨체를 가리키는 단어도 따로 있다. 바로 '그리포나지griffonage'라는 단어다.

- 독일에는 먹다에 해당하는 동사가 두 개 있다. 하나는 동물이 주어가 되는 '프레센fressen'이고 다른 하나는 사람이 주어가 되는 '에센essen'이다. 사람이 주어일 때 프레센을 쓰면 동물처럼 마구 먹어치운다는 뉘앙스를 담게 된다.

- 1878년 가정용 전화기가 이제 막 설치되기 시작했을 무렵에는, 걸려오는 전화를 받을 때 "여보세요Hello"라고 말하는 사람은 없었다. 대부분 "어이Ahoy"라고 했다.

- 일본어로 가라오케는 '비어있는空, から'과 오케스트라オーケストラ를 합친 말이다.

- 독일어 욕인 '아우스가이그Arschgeige'를 직역하면 '궁둥이 바이올린'이다.

- 대회에 출전하는 경주마 옆에 염소가 함께 있는 경우가 있다. 염소가 말을 진정시키는 효과가 있기 때문이라고 한다. 그래서 '누군가의 염소를 공격하다get someone's goat'라는 관용구는 경주마의 차분한 상태를 혼란스럽게 하듯 남을 화나게 만들 때 쓰는 표현이다. 실제로 대회에 염소와 같이 가지 못하면 경주마는 슬퍼한다고 한다,

- 인형극 배우 짐 헨슨은 팔과 손가락으로 조작하는 인형을 가리키는 머펫muppet이라는 단어를 만들었다. 관절마다 실을 묶어 조작하는 인형 마리오네트marionette와 손가

락에 끼워 움직이는 인형 퍼펫puppet을 합친 말이다.

- 알파벳 소문자 i 위에 있는 작은 점에도 이름이 있다. 바로 '티틀tittle'이다.

- 에스프레소espresso는 이탈리아어로 '짓누르다', '짜내다'라는 뜻이다.

- 전기의 교류와 직류를 의미하는 'AC/DC'는 1960년대에 양성애자를 가리키는 속어로 쓰였다.

- 혼자 뒤처지거나 소외되는 것에 두려움을 느끼는 증상을 가리키는 포모 증후군FOMO: Fear of Missing Out은 2013년에 옥스퍼드 영어 사전에 정식으로 수록되었다.

- '매우 기뻐하다', '아주 만족해하다'라는 뜻인 관용구 '조개처럼 행복한happy as a clam'은 '만조일 때 조개처럼 행복한happy as a clam at high tide'이라는 긴 표현을 줄인 것이다. 만조일 때 조개는 잡힐 확률이 낮아지기 때문이다.

- '컴퓨터 버그'라는 용어는 1947년에 하버드대학교의 프로그래머 그레이스 호퍼의 기록지에 처음 등장했다. 호퍼의 프로젝트팀은 실제로 벌레bug가 컴퓨터의 계전기 사이에 끼어있는 것을 발견했다. 그녀는 이 벌레(정확히는 나방)를 기록지에 붙이고 이렇게 썼다. "버그가 발견된 첫 사례."

- 빅토리아 시대에는 입을 'mouth'라고 하는 대신 '소스박스sauce-box'라고 부르기도 했다.

- 아이러니를 표시하는 문장부호가 따로 있지만 잘 사용하지는 않는다. 이렇게 생긴 기호다.

- 복싱 경기장은 사각형으로 생겼는데도 '링ring'이라고 부르는 이유가 있다. 초창기 복싱 경기는 별다른 경계선 없이 관중이 선수들 주변에 둥그렇게 모여서 구경을 했다. 그때부터 복싱 경기장은 원이라는 뜻의 '링'으로 불리게 되었다.

단어와 어원

- 치킨 프랜차이즈 KFC의 유명한 광고문구인 '손가락까지 빨아먹을 정도로 맛있어요Finger-lickin' good'를 중국에서 '손가락까지 먹어치워요'라고 오역한 적이 있다.

- 증언한다는 뜻의 영어 단어 'testify'는 고대 로마에서 온 말이다. 법정에 선 남성들이 고환testicle을 걸고 진실을 말할 것을 맹세한 데에서 비롯되었다.

- 구운 빵 위에 여러 재료를 올려 만든 전채요리의 이름은 카나페canapé다. 프랑스어로 카나페는 소파를 의미하는데, 이 음식이 마치 소파 위에 털썩 주저앉은 사람처럼 빵 위에 뭔가를 툭 올려놓은 모양이기 때문이다. 묘사가 살짝 과하긴 하지만, 맛있으니 넘어가자.

- 고고학자들은 B.P.라는 방사성탄소연대측정법을 이용한다. B.P.는 현재보다 이전을 가리키는 'Before Present'의 약자인데 여기서 '현재'는 1950년을 의미한다. 그런데 방사성탄소연대측정법은 1940년대 말에 만들어졌으니 엄밀히 말하면 당시에는 이것도 미래였던 셈이다. 고고학자들은 정말이지 거친 면이 있다.

- 성경은 요정의 언어와 외계인의 언어로도 번역되었다. 이 때 말하는 요정의 언어는 소설 「호빗」과 「반지의 제왕」의 작가 J.R.R.톨킨의 세계관에 등장하는 엘프족의 언어 엘비쉬Elvish이고, 외계인의 언어는 영화 「스타트렉」에 등장하는 외계인 종족의 언어 클링온Klingon이다.

- 영미권에서는 술잔을 들고 건배를 외칠 때 "토스트!toast!"라고 외친다. 맛이 변한 와인에 구운 빵조각을 넣어 풍미를 살리곤 했던 고대 로마 시대의 전통에서 비롯된 말이다.

- 1920년대 미국의 다이너(저렴한 식당)에서는 감자튀김을 '개구리 막대기frog stick', 구운 잉글리쉬 머핀은 '태운 영국인burn the British'라고 불렸다.

- 대표적인 다이너 용어를 몇가지 소개하자면, 물을 개 수프dog soup, 양파를 입 냄새breath, 삶은 달걀을 물에 빠진 아이들drown the kids이라고 하기도 했다. 뗏목 위의 닭chicks on a raft은 달걀을 올린 토스트를, 꼬꼬댁과 꿀꿀cluck and grunt은 햄과 달걀을 가리켰다.

- 가라테空手는 일본어이면서 중국어이기도 하다. 일본어에서도 사용되는 한자 단어이기 때문이다. '가라空'는 비어 있다는 뜻이고, '테手'는 손을 뜻한다.

- 칫솔 위에 올린 치약을 가리키는 영어 단어가 따로 있다. 바로 '너들nurdle'이다.

- 노아 웹스터가 사전을 편찬하기까지 28년이 걸렸다.

- 프랑스에서는 숙취를 '머리카락 통증hair ache'이라고 표현한다. 덴마크에서는 '이마 속의 목수carpenters in the forehead', 폴란드에서는 '새끼 고양이 울음소리a howling kittens'라고 말한다.

- '멍멍 양고기bow-wow mutton'는 빅토리아 시대에 해군에서 썼던 표현으로, 고기가 하도 맛없어서 개고기 같다는 뜻이었다.

- 근육을 뜻하는 영어 단어 머슬muscle은 작은 쥐를 가리키는 라틴어 무스쿨루스musculus에서 파생됐다. 14세기에

는 근육을 피부 아래에 숨어 있는 작은 쥐 같다고 여겼기 때문이다.

- 20세기 중반에는 적자를 '케첩에 빠진in the ketchup' 상태라고 표현했다.

- 영어는 미국의 공식 언어가 아니다. 미국에는 공식 언어가 없다.

단어와 어원

오싹한 이야기

기분을 업 시켜 주는 책에서 오싹하고 소름 돋는 주제를 다룬다는 게 이상하게 느껴질지도 모른다. 하지만 나는 이렇게 묻고싶다. 기분을 좋게 해주는 책에서는 왜 소름 끼치는 얘기는 하면 안 되는 걸까? 죽음은 망해버린 셀카나 짝짝이로 신고 나온 양말처럼 손써볼 수 없는 일이다. 그러니 받아들여야 하지 않을까?

나만 이렇게 생각하는 것은 아니다. 장례 산업 전문가, 학자, 예술가들이 모여서 만든 '디 오더 오브 더 굿 데스The Order of the Good Death'라는 단체가 있다. 이들은 죽음을 두려워하는 우리 문화에 죽음의 긍정성을 전파하고 대비하도록 돕는다. 이 단체의 이사인 세라 차베스는 죽음에 관한 흥미로운 정보를 엄청나게 많이 알고 있다.

"빅토리아 시대에 공동묘지는 놀러 가기 좋은 장소였어요.

어떤 곳은 사람들이 너무 많이 몰려서 붐비는 걸 막기 위해 입장권까지 팔았어요."

"시신과 문상객만 이용할 수 있는 대중교통 노선을 운영한 도시도 있었어요. 로스앤젤레스와 시카고에서는 장례용 전차를 운영했고, 런던에는 철길 전체가 시신을 마지막 안식처로 옮겨주는 데에 활용된 네크로폴리스라는 선로가 있었죠."

"고대 그리스인들과 로마인들은 죽은 이의 영혼이 누에콩에 들어간다고 믿었어요. 그래서 신랑신부가 결혼식에서 누에콩을 먹으면서 조상들을 부르는 전통이 있었고요."

그러니 여러분, 콩을 먹읍시다. 할아버지의 할아버지를 접시 위에 내버려 둘 사람은 없겠죠? (미안. 너무 끔찍했나…?)

- 프링글스 통을 만든 사람의 유골은 프링글스 통에 보관되어 있다.

- 포드사가 1970년대 벨기에에서 제품 홍보를 시작했을 때 사용한 광고문구 중 하나는 "모든 자동차에는 고품질의

오싹한 이야기

차체body가 있다"였다. 하지만 영어 단어 body가 시체라는 의미로도 사용되기 때문에 이 문장은 모든 자동차에는 고품질의 시체가 있다는 오해를 부르기도 했다.

• 1940년대에 마이크라는 이름의 닭이 머리가 잘린 상태로 18개월을 생존한 일이 있었다.

• 오스트리아계 미국인 작곡가 아널드 쇤베르크는 숫자 13을 두려워하는 13공포증triskaidekaphobia에 시달렸다. 그가 76세가 되자 동료 한 명이 7 더하기 6은 13이니 세상을 뜨기에는 불행한 해가 아니냐고 했는데, 쇤베르크는 그해 어느 13일의 금요일에 사망했다.

• 멕시코에는 '인형의 섬La Isla de las Muñecas'이라고 불리는 곳이 있다. 이 섬은 귀신에 씌거나 악령에 들렸다고 여겨지는 인형으로 가득하다. 이 인형들은 대부분 섬 관리인이 가져와 여기저기에 던져두거나 높은 곳에 걸어둔 것으로, 섬 근처에서 익사한 여자아이를 위한 것이었다. 그리고 2001년, 섬 관리인 역시 50년 전 아이의 시체가 발견된 곳에서 익사한 채로 발견되었다. 오늘날 이 섬은 이

색 관광명소가 되었다.

- 퀴즈쇼 「누가 백만장자가 되고 싶은가?」에서 실시한 설문조사에 따르면 "목이 베인 적이 있습니까?"라는 질문에 응답자 중 4%가 "네"라고 답했다.

- 벨처바다뱀의 독은 단 몇 밀리그램만으로도 천여 명의 사람을 죽일 수 있다. 이제 벨처 가족이 운영하는 「밥스 버거스(미국의 TV 애니메이션)」의 햄버거는 먹지 않는 게 좋겠다.

- 지구 역사를 통틀어 지금까지 살았던 사람의 수는 약 1,070억 명인데, 그중 70억 명이 지금 살고 있다.

- 미국 콜로라도 네더랜드에는 매년 3월 '얼어죽은 남자의 날Frozen Dead Guy Days' 축제가 열린다. 1990년대에 헛간에서 동사한 채 발견된 두 남성, 브레도 모스토엘 할아버지와 알 캠벨을 기리는 행사이다. 당시 네더랜드 관계자들은 두 시신을 묻으려고 했지만 언론의 관심이 쏟아지자 계획을 바꿨다. 두 사람의 시신은 매달 재냉동되며 축제

기간에는 관짝 경주, 얼음조각 대회, 얼어죽은 남자 닮은 꼴 대회가 열린다.

- 매사추세츠 세일럼 빌리지의 마녀재판에서 여러 여성이 마녀로 몰려 화형을 당했다는 이야기는 거짓이다. 그들은 교수형을 당했다.

- 미국 로드아일랜드의 한 양로원에는 누가 세상을 뜰 차례인지 맞힐 수 있는 고양이가 있다. 오스카라는 이름의 이 고양이는 곧 사망할 노인 앞에 몸을 웅크리고 앉는다고 한다. 그 에피소드가 담긴 책 「고양이 오스카」가 출간되기도 했다.

- 대출이라는 뜻의 단어 모기지mortgage는 '죽음의 맹세'를 뜻하는 프랑스어에서 파생됐다.

- 공포영화의 상징 「엑소시스트」를 촬영하는 동안 일어났던 섬뜩한 일들을 소개하겠다. 먼저, 출연자와 스태프 중 아홉 명이 촬영 및 시사회 기간에 사망했다. 그리고 촬영 기간 중 세트장에 불이 난 적이 있는데, 악령에게 지배당

한 등장인물 리건의 침실만 멀쩡했다. 신부를 불러 세트장에 신의 가호를 빌기도 했다. 또한 리건의 엄마 역을 맡은 배우는 리건의 침대에서 떨어지는 연기를 하다가 영구적인 척추 손상을 입었다. 뿐만 아니라 로마에서 영화를 개봉했을 당시, 16세기에 지은 교회 꼭대기의 400년 된 십자가가 번개에 맞았다.

- 1666년에 있었던 런던 대화재로 런던의 반이 불에 탔지만 이로 인한 희생자는 여섯 명뿐이었다. 오히려 이 화재를 기리기 위해 세운 동상에서 떨어져 죽은 사람이 더 많다.

- 암컷 검은과부거미는 짝짓기 중 혹은 짝짓기를 끝내고 나서 수컷 거미를 잡아먹는다.

- 할로윈의 상징인 해골 모양 호박 잭오랜턴jack-o-lantern은 원래 호박이 아니라 순무와 비트를 파내어 만들었다.

오싹한 이야기

- 사람이 죽으면 손톱도 더 이상 자라지 않는다. 하지만 피부가 수축하면서 손톱이 자라는 것처럼 보인다.

- 2019년에 한 일곱 살 남자아이가 턱이 붓는 증상으로 병원을 찾았다. 외과전문의들이 살펴보니 아이의 턱이 아주 작은 치아 526개로 채워져 있었다.

- 미국 성인의 45%는 악마와 영혼이 있다고 믿고 13%는 흡혈귀가 있다고 믿는다.

- 1518년 7월 '춤 전염병'이 프랑스 북부 알자스 지역의 스트라스부르라는 마을을 휩쓸었다. 사람들은 주체할 수 없을 정도로 춤을 췄고 몇몇은 사망에 이르기도 했다. 왜 이런 현상이 일어났는지는 여전히 알려지지 않았다.

- 미국의 하드록밴드 키스는 '키스캐스킷Kiss Kaskets'이라는 이름의 관棺을 굿즈로 만들었다.

- 부엉이는 부엉이를 먹는다. 1927년 배 속에 부엉이가 들어있는 부엉이가 발견되었는데, 속에 있던 부엉이의 배

속에는 또 다른 부엉이가 있었다. 러시아 전통인형 마트료시카처럼 말이다.

• 죽음과 그에 따른 슬픔을 연구하는 '사망학thanatology'이라는 학문이 있다.

• 한국과 중국에서는 숫자 4를 불길한 숫자로 여긴다. 4와 죽음을 가리키는 한자 '死'의 발음이 같기 때문이다.

• 한편 일본에서는 숫자 9를 불길한 숫자로 여긴다. 숫자 9가 괴로움을 뜻하는 한자 고苦와 발음이 비슷하기 때문이다.

• 빈대는 지구상에 약 1억 년간 존재해왔다.

• 미국 초대 대통령 조지 워싱턴은 산 채로 묻히는 게 두려웠던 나머지 사망선고 후 3일간은 묻지 말라는 요청을 남겼다. 자기가 진짜로 죽었는지 확인해주기를 바랐던 것이다.

• 바퀴벌레는 머리가 잘려도 몇 주 동안 생존할 수 있다.

• 「존과 요코: 러브 스토리John and Yoko: A Love Story」는 비틀즈의 멤버 존 레논과 그의 아내 요코 오노를 그린 TV 방영용 영화로 1985년에 제작되었다. 이때 존 레논 역으로 캐스팅된 첫 번째 배우는 1980년에 존 레논을 살해한 마크 채프먼과 이름이 같았다. 제작진은 이 사실을 알게 되자마자 배우를 교체했다.

• 존 F. 케네디의 뇌는 국립보존기록관에 보관되어야 하지만 1966년에 분실되었다.

• 2019년 유타주에서 어느 여성이 사망한 후 그녀가 사용하던 냉동고에서 그녀 남편의 시체가 발견됐다. 시체는 10년 동안 그곳에 보관되어 있었는데, 아내가 죽인 게 아니라는 공증문서도 함께 있었다. 아내는 남편의 동의 하에 그의 사망신고를 하지 않은 것인데, 그 이유는 참전용사 연금을 계속 받기 위해서였다.

• 러시아 죄수들은 서로에게 레닌과 스탈린 문신을 해주곤 했다. 교도관들은 국가지도자들 그림이나 사진을 향해 총을 쏘는 게 금지되어 있었기 때문에 그렇게 하면 공격당

하지 않을 거라고 생각했기 때문이다.

• 한 사람의 피부가 평생 동안 벗겨지는 양은 평균 35kg
이다.

• 러시아 황제 표트르 대제는 아내 예카테리나의 연인 빌
렘 몬스를 처형했다. 그리고 그 머리를 알코올 병에 담가
예카테리나의 침실에 보관하게 했다고 한다.

• 'twelve plus one(열둘 더하기 하나)'의 철자를 섞으면
'eleven plus two(열하나 더하기 둘)'가 되는데, 계산 결
과는 둘 다 13이다.

• '서쪽의 다이부인' 또는 신추부인으로 불리는 귀족 여성
의 시신이 1971년 중국의 마왕퇴라는 무덤에서 발견됐
다. 죽은 지 2,000년이 지났는데도 시신에는 머리카락과
속눈썹도 그대로였고 혈액형이 A형이라는 것도 확인할
수 있을 정도로 상태가 좋았다. 발굴 당시 시신은 정체 모
를 액체 속에 보존되어 있었는데 과학자들은 아직도 이
액체가 무엇인지 파악하지 못했다.

오싹한 이야기

- 벼락에 맞을 확률보다 오스카상을 받을 확률이 10배 더 높다.

- 비행기 추락 사고가 날 확률보다 재미로 처음 해본 볼링게임에서 만점을 받을 확률이 18배 더 높다.

- 흑곰 때문에 죽을 확률보다 댄스파티에서 죽을 확률이 20배 더 높다.

- 악어 때문에 죽을 확률보다 유명해질 확률이 38배 더 높다.

- 상어에 물려 죽을 확률보다 샴페인 코르크 마개에 맞아 죽을 확률이 2배 더 높다.

- 그리고, 상어 때문에 죽을 확률보다 개미 때문에 죽을 확률이 3배 더 높다.

- 또한, 상어 때문에 죽을 확률보다 떨어지는 코코넛에 맞아 죽을 확률이 15배 더 높다.

- 심지어 미국에서는 상어 때문에 죽을 확률보다 총기 사고로 죽을 확률이 4만1,000배 더 높다.

- 상어나 늑대, 혹은 사자 때문에 죽을 확률을 합친 것보다 민물달팽이 때문에 죽을 확률이 10배 더 높다.

- 1년 동안 전세계에서 상어가 사람을 무는 사건보다 뉴욕에서 사람이 사람을 무는 사건이 10배 더 많다.

이쯤 되면 '무서운 일'의 정의를 좀 더 폭넓게 생각하게 되지 않았는지? 어쩌면 추락 중인 비행기 안에서 상어와 흑곰의 먹이가 될 정도는 되어야 하지 않을까 싶다.

- 사람이 겁을 먹으면 도파민, 엔도르핀, 아드레날린이 분비된다. 공포영화를 보면 안전한 소파에 앉은 채로 이 모든 '행복한' 화학 물질이 자연스레 분비되는 효과를 얻을 수 있다.

- 서른두 살에 자살한 작가 존 케네디 툴의 엄청난(게다가 저주받은?) 소설 『바보들의 결탁』은 영원히 영화로 제작될 수 없을지도 모른다. 존 벨루시, 존 캔디, 크리스 팔리 등 주인공으로 캐스팅되었던 배우들이 전부 세상을 떴으니 말이다. 영화 촬영지는 루이지애나주 뉴올리언스였는데, 촬영을 시작한 지 5개월 후 루이지애나 영화위원회 위원장이 남편에 의해 살해되었다.

- 염소의 눈동자는 직사각형이다.

- 인간의 목이 잘린 후, 얼마 동안 의식이 남아있는지는 알려지지 않았다. 하지만 적어도 몇 초 동안은 확실히 남아있다.

오싹한 이야기

- 2013년 해리슨 오켄이라는 남성은 전복된 캄캄한 예인선 속에서 물고기들이 동료 선원들의 시체를 뜯어먹는 소리를 들으며 사흘을 버텼다. 긴 시간을 기도하며 버틴 그는 살아남아 구출된 것이 기적이라고 말했다.

- 소름 끼치는 유머를 좋아하는 사람들은 IQ가 높은 편이다.

영화와 드라마

　제니퍼 케이신 암스트롱은 뉴욕타임스 베스트셀러 작가로 「사인펠디아: 아무것도 다루지 않는 드라마가 어떻게 모든 것을 바꾸었는가Seinfeldia: How a Show About Nothing Changed Everything」, 「섹스 앤 더 시티 앤드 어스: 미혼 여성 네 명이 어떻게 우리가 생각하고, 살고, 사랑하는 방식을 바꾸었나Sex and the City and Us: How Four Single Women Changed the Way We Think, Live, and Love」 등을 썼다. 그녀는 다음 내용을 비롯하여 텔레비전 방송 역사에 관한 지식이 상당하다.

　"TV 시리즈 「왈가닥 루시」의 주연배우 루실 볼과 데시 아나즈는 촬영을 로스앤젤레스에서 하고 싶어 했어요. 1950년대 초반에 둘은 로스앤젤레스에서 살고 있었으니까요. 하지만 당시 대부분의 방송은 뉴욕에서 생방송으로 진행됐죠. 그래서 두 배우는 출연료를 삭감하는 조건으로 녹화를 하기로 했어요. 당시에는 녹화 비용이 훨씬 더 많이 들었으니까요. 그런데 그 덕분에 「왈가닥 루시」가 오랫동안 유명세를 유지할 수 있게 되었어요. 녹화를 해놨으니 몇십 년간 여러 방송국에서 재방송 할 수 있었거든요. 비슷한 시기에 제작된 다른 쇼들은 그러지 못했는데 말이죠."

"1949년에는 TV 프로그램 제작의 중심지였던 뉴욕과 다른 지역을 연결하는 통신선이 세인트루이스까지밖에 연결되지 않았어요. 그러니까 뉴욕에서 송출되는 방송을 볼 수 있는 곳은 시카고, 밀워키, 디트로이트, 클리블랜드 지역까지였던 거죠. 그래서 미국 서부지역에 사는 사람들은 국내방송을 녹화본으로 시청해야 했어요. 그 시절 녹화본은 영상이 나오는 모니터를 녹화해서 만드는 키네스코프 방식이라서, 마치 영화관에서 몰래 촬영한 해적판 같았답니다."

새벽 두 시에 갑자기 「그레이트 브리티시 베이킹 쇼The Great British Baking Show」를 보고 싶을 때 바로 보지 못한다고 생각하니 심장박동이 빨라진다. 숨을 크게 들이마시고 1부터 10까지 천천히 세어보자. 이제 괜찮다. 다 괜찮아졌다.

- 영화 「스파이더맨 파 프롬 홈」의 여배우 젠데이아는 2020년 TV 시리즈 「유포리아」로 24세에 최연소 에미상 여우주연상을 받았다.

- 2020년 아카데미 작품상을 받은 영화 「기생충」에는 물에 잠긴 가난한 반지하 집이 나오는데, 이것은 물탱크 안에 세트장을 만들어 구현한 것이다. 집 안의 소품은 실제 폐가에 있던 물건을 가져다 씀으로써 최대한 현실성을 살리려 했다고 한다.

- 드라마 「더 오피스」 미국판에서 필리스 밴스 역을 맡은 필리스 스미스는 원래 캐스팅 부책임자였다. 그는 배우들과 대본 리딩을 진행하다가 감독의 눈에 띄면서 드라마에 합류하게 됐다.

- 「더 오피스」의 오프닝 영상에는 출연진 중 한 명인 존 크래신스키가 펜실베이니아주 스크랜턴에 사전답사를 갔다가 찍은 영상이 포함되었다.

- 영화 「죠스」의 감독은 원래 스티븐 스필버그가 아니었

영화와 드라마

다. 감독이 교체된 이유는 상어를 자꾸 고래라고 불렀기 때문이다. 세트장에는 상어 역할을 하는 로봇이 세 대가 있었는데, 모두 영화 속 상어 이름인 브루스라고 불렀다.

• 영화 「멍하고 혼돈스러운」에서 매튜 맥커너히의 명대사로는 "알았어, 알았어, 알았다고All right, all right, all right"가 꼽히지만, 매커너히가 이 말을 하는 장면은 등장하지 않는다. 소리만 들릴 뿐이다.

• 영화사 픽사의 작품이 개봉될 때면 아이들 사이에서 머릿니 감염이 빠르게 퍼지곤 한다. 아이들이 영화관에 떼지어 모이기 때문이다. 머릿니는 어른보다 산성이 약한 아이들의 머리카락을 더 좋아한다.

• 미국의 가수이자 배우였던 프랭크 시나트라는 70대의 나이에 액션영화 「다이 하드」의 주인공 존 맥클레인 역을 제안받았다. 이 작품은 사실 1968년에 시나트라가 출연한 영화 「형사」의 후속편이기 때문에 계약상 시나트라에게 배역의 우선권이 있었다. 하지만 그는 거절했다.

- 호아킨 피닉스는 영화 「조커」에서 아서 플렉을 연기하기 위해 몸무게를 23kg나 감량했고, 이 작품으로 오스카상을 수상했다. 피닉스는 체중을 감량함으로써 인물의 허약함을 더 잘 드러낼 수 있었다고 말했다.

- 영화감독 제임스 카메론은 제작자 게일 앤 허드에게 영화 「터미네이터」의 대본을 1달러에 팔았다. 대신 자기가 감독을 맡겠다는 조건이 붙어 있었다.

- 드라마 「블랙키시」의 스타 배우 마르사이 마틴은 2019년 영화 「리틀」을 통해 열네 살의 나이로 역사상 가장 젊은 책임프로듀서가 되었다.

「스타트렉」 인종 다양성의 미래를 그리다

미국 연방대법원에서 다른 인종 간 결혼을 합법이라고 판결한 후 일 년 만에 TV시리즈 「스타트렉」에서 커크와 우후라가 나눈 다른 인종 간의 키스 장면이 방영됐다. 이는 흑인 인권운동 역사에 중요한 순간이었다.

스타트렉의 팬 '트레키Trekkie'를 자청했던 마틴 루서 킹 주니어가 없었다면 아마도 불가능했을 것이다. 그는 우후라를 연기한 배우 니셸 니콜스에게 브로드웨이로 가지 말라고, 「스타트렉」을 떠나지 말아 달라고 부탁했고, 그녀는 남아서 이 멋진 장면을 만들어냈다.

영화와 드라마

- 가수이자 배우인 퀸 라티파는 1996년부터 영화출연 계약을 할 때 자기가 맡은 배역은 죽으면 안 된다는 조항을 넣는다.

- 영화「사랑의 블랙홀」을 촬영하는 동안 주연배우 빌 머레이는 다람쥣과 동물인 마못groundhog에게 두 번이나 물렸다. 이 영화의 원제는 'Groundhog Day'이다.

- 애니메이션「파워퍼프걸」의 캐릭터들은 원래 '훕애스걸 Whoopass Girls'이라고 불렸다. 이들이 처음 등장한 단편영화 제목은「훕애스 스튜!Whoopass Stew!」였다.

- 2020년에 방영을 시작한 애니메이션「아울 하우스」의 주인공 루스 노세다는 디즈니 작품 중에서 처음으로 등장한 양성애자 주인공이다.

- 영화「보이즈 앤 후드」의 감독 존 싱글톤은 1991년 당시 아카데미 감독상 후보에 오른 역사상 최연소이자 최초의 흑인 감독이었다. 당시 그는 24세였다.

- 영화 「매트릭스」의 시작 부분에 나오는 그 초록색 코드! 사실 그 코드는 미술감독이 자기 아내의 요리책에서 가져온 스시 레시피다.

- 어린이 프로그램 「세서미 스트리트」에 나오는 쿠키몬스터에게는 원래 이름이 따로 있다. 그의 이름은 시드Sid이다.

- 영화 「스타 이즈 본」의 감독이자 주연배우인 브래들리 쿠퍼는 자기 반려견 찰리를 영화에 출연시켰다.

- 당신이 즐겨봤던 서부영화와는 달리, 실제 미국 카우보이의 25%는 흑인이었다.

- 애플사는 영화에서 악역이 아이폰을 사용하는 것을 허용하지 않는다. 따라서 어떤 인물이 아이폰을 쓴다면 그는 착한 역이라는 뜻이다.

- 영화 「스타워즈: 제국의 역습」에 나오는 소행성 중 일부는 사실 감자다.

- 2019년 아카데미상 주요부문 후보에 오른 영화 「아이리시맨」의 감독 마틴 스코세이지에 따르면, 배우 조 페시는 최소 50회는 출연을 거절했다가 마침내 승낙한 거라고 한다.

- 비틀즈의 멤버 폴 매카트니는 1995년 「심슨가족」의 에피소드 「채식주의자 리사」에 목소리 출연을 하면서 리사가 앞으로도 계속 채식주의자로 나오게 해달라는 조건을 내걸었다. 그래서 리사는 지금까지도 채식주의자로 나오고 있다. 「심슨 가족」은 황금시간대에 방영되는 가장 오래된 텔레비전 프로그램으로, 1989년에 정규 시리즈로 편성되어 2023년 현재까지 굳건히 자리를 지키고 있다.

- 2003년 「NBC 투나잇 쇼」에서 진행자 제이 레노는 125년 된 과일케이크를 먹었다. 한 입 베어물고 한참을 씹은 후 그는 이렇게 말했다. "좀 더 묵혀야겠네요."

- 시트콤 「더 골든 걸스」에서 배우 에스텔 게티는 베아 아서의 어머니 역할을 맡았다. 실제로는 게티가 아서보다 어렸는데도 말이다. 이 시트콤은 정말, 진심으로 재미있

다. 재방송 꼭 챙겨 보시길.

• 영화 「인디아나 존스: 레이더스」를 찍는 동안 주연배우 해리슨 포드는 이질dysentery에 걸려 있었다.

• 2009년 MTV 채널의 리얼리티 쇼 「16세, 그리고 임신16 and Pregnant」이 방영된 이후 십대 임신 건수는 5.7% 줄어들었다.

• 마이클 조던이 나오는 애니메이션 영화 「스페이스 잼」의 공식 웹사이트는 1996년부터 지금까지 계속 운영 중이다.

• 1939년에 나온 영화 「기적을 팝니다Miracles for Sale」에서 배우 헨리 헐은 1인 3역을 했다. 그는 콘택트렌즈로 눈동자 색깔을 바꾼 첫 번째 배우였다. 그의 눈은 원래 갈색이지만 다른 인물을 표현하고자 푸른색 콘택트렌즈를 썼다. 그런데, 이 영화는 흑백영화였다.

• 2019년에 개봉한 영화 「작은 아씨들」의 감독 그레타 거윅에 따르면 의상디자이너 재클린 두란은 등장인물인 조

영화와 드라마

와 로리가 계속해서 조끼를 서로 바꿔 입게 했다고 한다. 성별과 상관없이 서로의 반쪽이라는 점을 상징하는 장치였다.

- 배우 래번 콕스는 TV 최초로 정규편성 방송에 출연한 첫 번째 트랜스젠더이며, 「타임」지 표지를 장식한 첫 번째 트랜스젠더이자 에미상 후보에 오른 첫 번째 트랜스젠더 배우다.

- 미국 드라마 「프레이저」의 주인공 가족의 반려견 에디는 등장하는 캐릭터 중 팬레터를 가장 많이 받았다. 에디의 진짜 이름은 무스이다.

- 배우 로빈 윌리엄스는 영화 계약서를 작성할 때마다, 일정한 인원의 노숙자를 고용해야 한다는 조항을 넣었다.

- 텔레비전을 발명한 사람은 자신의 자녀들은 텔레비전을 보지 못하게 했다고 한다. 텔레비전은 쓸모가 없다는 게 이유였다.

- SF 영화 중 최고의 걸작으로 손꼽히는 「2001 스페이스 오디세이」는 1968년에 개봉하여 첫 상영을 하던 중 약 250명의 관객이 영화관을 떠나버린 일이 있었다.

- 드라마 「프렌즈」의 모든 에피소드에서는 친구friends라는 단어가 대사 중에 반드시 나온다. 참고로 이 드라마의 원래 제목은 「불면증 카페Insomnia Café」였다.

- 1700년대까지만 해도 알라딘은 중국인이었다. 원작의 배경은 중국인데, 이 이야기를 처음으로 구전한 한나 디야브가 시리아 사람이었기 때문에 등장인물에게 시리아식 이름을 붙였던 것이다. 또한 원작에서 알라딘은 지니에게 세 가지 소원을 빌지 않았다. 셀 수 없이 많은 소원을 빌었다.

- 1967년에 개봉한 영화 「닥터 두리틀」 촬영장에서 출연 배우인 앵무새가 감독이 외치는 "컷!"을 자꾸만 흉내내는 바람에 촬영이 여러 번 중단됐다.

영화와 드라마

- 시트콤의 원조격인 드라마 「사인필드」에는 매 에피소드마다 어떤 형식으로든 슈퍼맨이 등장한다. 드라마의 작가이자 실제 주인공인 제리 사인필드가 널리 알려진 슈퍼맨 마니아였기 때문이다. 또한 드라마의 주제곡은 에피소드마다 조금씩 바뀐다.

- 영화 「할로윈」의 살인마 마이클 마이어스(부기맨)의 가면은 시중에 판매되는 「스타트렉」의 커크 선장 가면을 흰색으로 칠해서 쓴 것이다.

- 레오나르도 디카프리오의 애완 도마뱀은 「타이타닉」 촬영현장에서 트럭에 깔리는 사고를 당했지만 살아남았다.

- 「더 머펫 쇼」의 미스 피기와 「스타워즈」의 요다의 목소리를 연기한 사람은 프랭크 오즈라는 동일인물이다.

- 2018~2019년에 미국에서 방영된 전체 TV 프로그램의 절반 이상이 여성 감독의 작품이다. 이런 일이 일어난 것은 역사상 처음이다.

- 1952년에 방영된 「왈가닥 루시」는 임신한 사람이 등장한 첫 번째 텔레비전 드라마였다. 당시 방송에서 '임신'이라는 단어를 사용하는 것이 저속하다고 여겨졌던 때라, 주연을 맡은 루실 볼은 '아기를 기다리는 중'이라는 완곡한 표현을 써야 했다.

- 코미디쇼 「SNLSaturday Night Live」은 다른 어떤 쇼보다 에미상을 많이 받았다.

- 영화 「백 투 더 퓨처」에 등장하는 에메트 브라운 박사의 이름 에메트Emmett는 시간을 뜻하는 'time'을 거꾸로 쓴 것에서 따왔다. 또한 미들네임인 레스롭Lathrop은 포털 portal의 철자를 거꾸로 표기한 후 좀 더 사람 이름처럼 보이도록 중간에 'h'를 넣은 것이다.

- 조지 루카스 감독은 자신의 반려견을 모델 삼아 「스타워즈」에 나오는 이웍 족을 만들었다.

- 영화 「쥬라기 공원」에 나오는 티라노사우루스의 울음소리는 사운드디자이너의 개가 줄을 가지고 노는 소리를

느리게 재생해서 만들었다.

- 영화나 TV프로그램 감독들 사이에는 최종 결과물이 마음에 들지 않아서 작품에 자기 이름을 올리고 싶지 않을 때 '앨런 스미시Alan Smithee'라는 가명을 쓰는 관습이 있다. 이 관습은 반세기 넘게 이어져 왔다. 1997년에는 앨런 스미시라는 이름의 영화감독이 주인공인 영화 「앨런 스미시」가 개봉했다. 작가와 공동제작자 사이에 언쟁이 있었는지, 아니면 관심을 끌고 싶어서 그랬는지는 모르지만 이 영화의 감독 아서 힐러의 이름이 크레딧에 '앨런 스미시'로 표기되었다.

- 영화배우 프레드 아스테어는 스케이트보드 타는 것을 좋아해서 70대의 나이에도 타곤 했다.

- 레드 페퍼라는 이름의 영국 지하철기관사가 지하철에서 방송을 했는데, 이것을 들은 어느 할리우드 관계자가 목소리로 정보를 들려주는 보이스오버 배우로 그를 채용했다. 이후 페퍼의 목소리는 「아미스타드」, 「아마겟돈」, 「쏘우」, 「맨 인 블랙」 등 유명 영화의 트레일러에 등장했다.

- "다시 연주해줘요, 샘Play it again, Sam"은 영화 「카사블랑카」 하면 떠오르는 말이지만 영화에서는 아무도 그런 말을 한 적이 없다.

- 애니메이션 「스쿠비-두」의 주인공 스쿠비의 진짜 이름은 스쿠베르트 두Scoobert Doo이다.

- 영화에서 가장 흔하게 나오는 대사는 "여기서 나가자Let's get out of here"이다.

영화와 드라마

퀴즈

아래 힌트를 보고, 지난 40년간 사랑받은 영화 제목을 맞히는 게임이다. 예를 들어 힌트가 '기근 대회'라면 답은 「헝거 게임」이다.

Q 1 손을 대지 않은 보석(애덤 샌들러 주연)

Q 2 나 혼자 산다(맥컬리 컬킨 주연)

Q 3 숨겨진 인물들(타라지 P. 핸슨 주연)

Q 4 에메랄드 시티에서 겪는 불면증(맥 라이언 주연)

Q 5 싸우는 조직(브래드 피트 주연)

Q 6 거의 유명한(빌리 크루덥 주연)

Q 7 단단하게 소멸하다(브루스 윌리스 주연)

Q 8 추모 예배(자레드 레토 주연)

Q 9 크지 않은 소녀들(위노나 라이더 주연)

Q 10 검은 고양이과 동물(채드윅 보스만 주연)

인간의 몸

사람의 몸은 기묘함 그 이상이다. 우리가 계속해서 변하고, 물렁물렁하며, 냄새나고, 아름다우면서도 혼란스러운 살 껍데기 속에 살고 있다는 게 믿어지는가? 몸이 벌이는 모든 일은 나를 깜짝 놀라게 한다. 특히 우리가 잘 때 벌어지는 일을 생각해보면 더욱 그렇다.

재닛 케네디 박사는 임상심리학자이자 작가이며 수면장애를 치료하는 정신과 상담실인 'NYC슬립닥터NYC Sleep Doctor'의 설립자다. 케네디 박사에게 수면에 관해서 알아둘 만한 게 있느냐고 물었더니 박사는 이런 정보를 주었다.

"기억력은 잠을 자는 동안 강화됩니다. 낮에 배운 것은 밤에 자고 나야 비로소 우리 것이 되죠."

밤에 저장해놓지 않으면 없던 일이 되어버린다는 말이다.

잠이 안 올 때 양을 세는 게 지겹다면 다음과 같은 사실을 떠올려보는 것은 어떨까.

- 대부분의 사람들은 한번 잘 때마다 네 번에서 여섯 번 꿈을 꾼다.

- 바쁜 사람들을 위한 좋은 소식이 있다. 주말에만 운동해도 효과가 있다는 소식이다. 주말에 150분 정도 운동을 하면, 건강상의 이유로 사망할 확률이 주중에도 운동하는 사람과 비슷한 수준으로 낮아진다.

- 처음 겪는 일이지만 예전에 경험한 것처럼 느끼는 '데자뷔déjà vu' 현상은 15세에서 25세에 자주 일어난다.

- 건강한 사람의 피부에는 약 1조 마리의 박테리아가 살고 있다.

- 우리 몸에는 금 0.2mg이 들어있는데, 대부분 혈액에 섞여 있다.

인간의 몸

- 임신한 사람의 몸은 40주간 마라톤을 뛰는 것과 같은 양의 에너지를 소모한다.

- 탄수화물을 먹으면 인슐린이 분비된다. 인슐린은 혈액에서 트립토판을 제외한 대부분의 아미노산을 제거하는데, 트립토판 비율이 높아진 혈액이 뇌에 도달하면 세로토닌이 분비되고, 이어서 잠을 부르는 호르몬인 멜라토닌이 나온다. 따라서 탄수화물을 먹으면 기분이 좋아지다가 곧 피로를 느끼게 되는 것이다.

- 인간의 대퇴골(허벅지뼈)은 콘크리트보다 강하다.

- 우리 몸무게의 1~3%는 박테리아, 미생물, 균의 무게다.

- 아이가 태어난 후 처음 1년간 부모의 수면 시간은 약 350시간 정도 줄어든다.

- 자기 자신을 간지럽히는 것은 불가능하다.

- 닭살은 지금 우리보다 털이 많았던 조상들이 남긴 흔적

으로, 더이상 우리에게는 필요하지 않다. 닭살은 피부의 털을 사방으로 꼿꼿이 세워서 추울 때 열이 방출되는 것을 막아주고 위험한 상황에서 몸을 더 크고 위협적으로 보이게 했다.

- 먹은 음식이 소화기관에서 알코올로 바뀌는 희귀한 체질도 있다. 이런 사람들은 늘 숙취로 고통받는다.

- 파란색 눈을 가진 사람들의 조상은 모두 같다. 파란색 눈은 6,000년에서 1만 년 전에 일어난 유전자 변이로 인해 생긴 특징이다.

- 우리 몸에서는 매년 약 700g의 피부가 벗겨진다.

- 얼굴이 붉어질 때는 위벽도 같이 붉어진다.

- 미국에서 치료받는 암환자 중 3분의 2 이상은 완치된다.

- 지금까지 두 명의 에이즈 환자가 줄기세포 이식으로 완치됐다.

인간의 몸

- 같은 운동을 되풀이하든, 매번 운동을 바꿔 근육을 자극 시키든 효과는 비슷하다. 새로운 과제를 수행한다고 근육 이 더 열심히 운동하는 것은 아니기 때문이다. 하지만 뇌 는 새로운 과제를 할 때 더 큰 자극을 받는다.

- 선천적 시각장애인 중 정신분열증 진단을 받은 사람은 단 한 명도 없다. 그 이유는 아직 밝혀지지 않았다.

- 우리는 아침에 키가 1cm 더 크다. 척추의 연골이 자는 동 안 쭉 펴지기 때문이다.

- 1파인트(568ml)의 헌혈로 세 사람의 생명을 구할 수 있다.

- 삼킨 껌은 몸속에 하루나 이틀 정도 머문다. 배 속에 7년 간 남아있다는 말은 사실이 아니다.

- 눈을 깜빡이는 시간을 모두 합해보면, 깨어있는 시간의 10%를 눈을 감은 채로 보내는 셈이 된다.

- 사람의 땀샘은 성별에 관계없이 약 200만 개로 동일하다.

그렇지만 남성은 여성보다 땀을 더 많이 흘린다.

• 잠을 잘 때 똑바로 눕거나 엎드려 있는 시간을 합친 것보다 옆으로 누워있는 시간이 더 길다.

• 서로 주먹을 맞대서 인사할 때 퍼지는 박테리아의 수는 하이파이브를 할 때의 20분의 1밖에 안 된다.

• 치아는 우리 신체가 스스로 치유하지 못하는 유일한 부분이다.

• 독감 예방주사는 접종 후 2주가 지나야 효과가 생긴다. 따라서 9월이나 10월에 미리 주사를 맞아두어야 몸이 고생을 안 한다.

• 우리가 자는 동안 체중은 약 500g 줄어든다.

• 제모를 한다고 털이 더 굵게 자라는 것은 아니다. 제모 후에 털이 더 굵게 난다고 느껴지는 이유는 가늘어진 끝이 잘려나가면서 뭉툭해졌기 때문이다. 실제로 털이 더 굵어

지거나 많아지는 것은 아니다.

- 혈액의 무게는 몸무게의 7%를 차지한다.

- 보조개는 얼굴 근육의 일부가 피부에 달라 붙어서 생긴다.

- 재채기의 풍속은 약 160km/h이다.

- 굶주린 상태에서 갑자기 음식을 섭취하면 일부 남성은 젖이 나오기도 한다.

- 아무도 그 이유를 모르지만, 인간은 뾰족한 턱을 가진 유일한 동물이다. 다시 말해 인간은 턱뼈 끝이 돌출된 유일한 종이다.

- 밝은 하늘을 올려다봤는데 흰 점이 보인다면 자신의 혈액이, 더 정확히는 백혈구가 보이는 것이다.

- 힘든 운동을 마쳤는데 오히려 몸이 부은 것 같아서 사기가 꺾이더라도, 그 고통스럽고 힘겨운 과정이 효과가 없

었던 것은 아니다. 힘든 운동을 하면 숨을 더 많이 들이마시게 되고 그만큼 더 많은 공기가 배에 차게 된 것뿐이다. 더구나 음식을 먹은 상태에서 운동을 하면 혈액이 내장에서 손발 끝으로 몰리고, 소화가 되지 않은 음식이 위장에 머무르면서 몸이 더 붓는다. 하지만 몸이 운동에 익숙해지면 붓는 현상은 줄어든다.

• 우리의 속눈썹은 생각보다 풍성하다. 평균적으로 위쪽 눈꺼풀에 90~160개가, 아래 눈꺼풀에 75~80개가 나 있다.

• 코를 골면서 동시에 꿈을 꿀 수는 없다.

• 엄지손가락에는 맥박이 독립적으로 뛴다.

인간의 몸

역사적 사실들

범생이답게 나는 고등학교 때 가장 좋아했던 역사 과목의 밥 로디 선생님과 지금까지도 연락을 주고받는다. 선생님께 가장 좋아하는 역사적 사실을 하나 알려달라고 말씀드렸더니, '옹졸한 거짓말로 상대 후보의 평판을 떨어뜨리는 추악하고 극성맞은 정치 팬'은 늘 존재했다는 이야기를 하셨다.

"당파가 심하게 갈렸던 1800년 미국 대통령 선거 때 토머스 제퍼슨의 지지자 한 명이, 상대 후보였던 존 애덤스가 암수한 몸이라는 소문을 퍼뜨린 일이 있었어."

글쎄, 이런 건 고등학교 때는 안 가르쳐주셨던 것 같은데. 이번엔 내가 선생님을 놀라게 할 수 있는지 확인해볼 차례다. 선생님, 다음 내용에 선생님이 모르셨던 부분도 있으면 좋겠네요.

- 제임스 가필드 대통령은 한 손으로는 그리스어를, 다른 손으로는 라틴어를 쓸 수 있었다. 동시에 말이다.

- 고대 로마에는 여성 검투사도 있었다.

- 흑인 해방운동가이자 자연주의자였던 해리엇 터브먼은 새 울음소리를 따라 할 수 있었다. 그녀는 이 기술을 이용해 흑인 노예들을 자유의 길로 이끌었다.

- 노벨상은 알프레드 노벨의 유언에 따라 만들어진 상으로 첫 시상식은 1901년에 개최됐다. 노벨은 자신이 엄청난 파괴력을 가진 다이너마이트를 발명한 사람으로만 기억되는 것을 원치 않았다.

- "나에게는 꿈이 있습니다I have a dream"는 1963년 마틴 루서 킹이 링컨 기념관에서 한 유명한 연설이다. 그런데 이

구절은 원래 연설에 포함되어있던 부분이 아니었다. 가스펠 가수이자 친구인 마할리아 잭슨이 "마틴, 당신의 꿈에 대해 얘기해줘"라고 외치는 걸 듣고 그 자리에서 즉흥적으로 말하게 되었다.

- 영국의 정치인 윈스턴 처칠은 미국에서 금주법이 시행중이던 시기에 알코올 구입이 가능한 의사 처방전을 들고 미국에 간 일이 있다. 또한 5파운드 지폐에 실린 윈스턴의 표정이 좋지 않은 이유는 사진을 찍기 바로 직전에 사진사가 그가 입에 물고 있던 시가를 뺏었기 때문이다.

- 1913년부터 미국 우체국은 발송 가능한 소포 무게를 5kg까지 늘렸다. 그러자 15센트에 어린아이를 다른 지역으로 부치는 경우도 생겼다.

- 2004년 미국 대선에서 경쟁한 조지 부시와 존 케리 상원의원은 먼 사촌이다.

- 과거 미국에는 흑인과 여성에게는 참정권이 없었다. 그런데 1776년부터 1807년 사이 뉴저지주에 거주하는 만 21

세 이상의 모든 시민은 인종이나 성별에 상관없이 투표할 수 있었다. 참고로 미국 흑인 남성이 참정권을 얻게 된 것은 1870년이며 여성은 1920년이 되어서야 참정권을 얻게 되었다.

- 고대 이집트인들은 반려 고양이가 죽으면 애도의 의미로 눈썹을 밀었다. 그들은 고양이를 아끼는 마음에 죽은 고양이로 미라를 만들기도 했다.

- 키가 작다는 열등감 때문에 공격적인 태도로 타인을 지배하려는 경향을 가리켜 '나폴레옹 콤플렉스'라고 하지만, 나폴레옹의 실제 키는 168cm로 당시 프랑스인 평균 키를 감안하면 결코 작은 편이 아니었다. 다만 1807년에 나폴레옹이 토끼 사냥을 하다가 사람 손에 길들여진 토끼떼에게 공격을 받는 일은 있었다.

전쟁터의 작은 영웅

재임 기간에 전쟁터로 나가 군대를 이끈 마지막 미국 대통령은 키 164cm에 몸무게 45kg이었던 제임스 매디슨이었다. 그는 1812년 영국과 치른 전쟁에서 미군을 지휘했다.

역사적 사실들

- 러시아의 보리스 옐친 대통령이 워싱턴을 처음 방문하여 당시 미국 대통령 빌 클린턴을 만났는데, 옐친이 얼마나 술에 취했던지 백악관 앞 펜실베이니아 거리를 속옷 차림으로 달리며 피자를 찾아다녔다고 한다.

- 1912년 시어도어 루스벨트 대통령은 연설을 하러 밀워키로 가는 길에 총을 맞았다. 총알은 루스벨트의 가슴에 박혔는데, 가슴 주머니에 넣어 둔 50쪽짜리 연설문이 충격을 완화시켰다. 연설문은 엉망이 되었지만 루스벨트는 90분에 달하는 연설을 마칠 수 있었고, 그 후 병원으로 갔다.

- 로마 황제 칼리굴라는 자기 말 중 한 마리를 원로의원 자리에 앉혔다고 한다.

- 제2차 세계대전 당시 네덜란드의 10대 자매 프레디와 트 뤼스는 친구 하니 스하프트와 함께 네덜란드에 주둔한 나치 군인들을 유인해 죽였다. 셋은 자전거를 타고 다니 며 나치 군인들을 향해 총을 쏘기도 했다.

- 가장 오래된 별자리점은 기원전 410년에 친 것으로, 바빌 로니아 언어로 쓰여있었다. 별자리와 행성 위치의 언급되 어 있었고, 점괘는 다음과 같았다. "당신을 위한 좋은 일 들이 일어날 것이다."

- 발음하기 어려운 영어 문장 "She sells seashells by the seashore(그녀는 바닷가에서 조개껍질을 판다)" 속의 '그 녀'는 실존 인물이었다. 메리 애닝이라는 이름의 여성으 로, 19세기에 독학으로 공부하며 수많은 화석을 발굴한 고생물학자였다. 세계 최초로 고대 파충류인 이크티오사 우루스의 화석을 발견한 업적이 있었지만 여성이라는 이 유로 과학계에서 받아들여지지 않았다. 그녀는 발견한 화 석들을 조개껍데기와 함께 영국 웨스트 도싯 해변에서 팔았다.

역사적 사실들

- 로널드 레이건 대통령은 인명구조원으로 일했던 일곱 번의 여름 동안 물에 빠진 사람 77명을 구했다.

- 캘리포니아주 버클리시는 1984년에 미국에서 처음으로 시 공무원들에게 주어지는 배우자 혜택을 (성소수자를 포함한) 동거인에게까지 확장한 곳이다.

- 미국에서는 1777년부터 독립기념일 축하 폭죽을 터뜨리고 있다. 참고로 폭죽은 기원전 200년부터 사용되어 왔다.

- 고고학자와 인류학자들은 고대 마야인들이 발효해서 말린 카카오콩(초콜릿 원료로 사용되는 바로 그것)을 화폐로 사용했다고 추정한다.

- 1997년 데이비드 울프는 우주에서 투표에 참여한 첫 우주비행사다. 우주비행사가 우주에서 투표할 때는 거주지 주소를 '저지구궤도low-Earth orbit'라고 기재한다.

- 1860년 그레이스 베델이라는 11살 소녀가 에이브러햄

링컨에게 그가 대통령이 되기를 바란다는 편지를 보냈다. 편지에는 링컨의 얼굴이 너무 야위어 보이니 턱수염을 기르라고 권유하는 내용도 있었다. 편지를 받고 한 달이 되기 전에 링컨은 턱수염을 기른 모습으로 나타났고, 그 모습은 현재까지도 그를 상징하는 모습으로 남아 있다.

- 제2차 세계대전 전까지 미국인들의 삶에는 고용보험 같은 의료보험 제도가 없었다. 그러나 너무나도 많은 미국인이 참전을 위해 해외로 나는 바람에 미국 내에 노동력 부족 사태가 일어났다. 루스벨트 대통령은 근로자를 채용하려고 기업 간 출혈경쟁이 일어나는 것을 막고자 임금을 동결시키고, 의료보험 같은 다른 특혜를 제공할 수 있게 했다.

- 미국에는 1969년까지 1만 달러짜리 고액지폐가 있었다. 하지만 사용하는 사람이 너무 없어서 제조가 중단됐다.

- 악명높은 마피아 두목 알 카포네는 대공황 시기에 무료 급식소를 열어 매일 2,000명이 넘는 시카고 시민의 끼니

를 해결해주었다.

- 1600년대에 트럼프 카드에 있는 킹은 역사적으로 유명한 네 명의 왕을 상징했다. 하트킹은 샤를마뉴, 클로버킹은 알렉산더, 스페이드킹은 다윗, 다이아몬드킹은 율리우스 카이사르였다.

- 1773년 영국의 과도한 세금 징수에 반발한 미국 식민지 주민들이 영국으로부터 차※ 수입을 저지하기 위해 일으킨 보스턴 차 사건 이후, 차는 영국의 상징이 되었다. 그래서 미국인들은 카페인 섭취 수단으로 차 대신 커피를 선택했고, 그 결과 커피는 식민지 시대에 애국심을 상징하는 음료가 되었다.

- 지미 카터는 대통령 재임기간에 실수로 핵무기 발사코드를 옷 주머니에 넣어둔 채 그 옷을 드라이클리닝에 맡긴

의외의 동갑내기들

안네 프랑크, 마틴 루서 킹 주니어, 미국 ABC방송국의 유명 앵커 바버라 월터스는 모두 1929년에 태어났다.

적이 있다고 한다.

• 은하수(우리은하)는 50억 년간 별 생성을 멈춘 적이 있다.

• 하버드대학 캠퍼스에는 이 대학에 재산과 장서를 기증한 존 하버드의 동상이 있다. 하지만 이 동상은 진짜 존 하버드의 모습이 아니다. 동상을 만들 때 그의 얼굴을 아는 사람이 없어서 하버드에 재학중인 학생 한 명을 모델 삼아 만들었다고 한다.

• 비가 올 때는 우주선을 발사하면 안 된다. 우주선이 거대한 피뢰침 역할을 할 수도 있기 때문이다. 1969년에 아폴로12호는 두 번이나 번개에 맞았고 일시적으로 정전이 되었다.

• 미국은 1953년 모든 허리케인에 여성 이름을 붙이기로 결정했다. 그러자 페미니스트 단체에서는 여성과 재해를 연결하는 짓을 중단하라는 청원을 이어나갔다. 록시 볼턴이라는 플로리다 여성이 주도한 이 캠페인은 마침내 1979년 성과를 만들어냈다. 허리케인에 처음으로 밥이라

는 남성 이름이 붙은 것이다.

- 클레오파트라는 엄청난 부자였다. 그녀가 아직까지 살아 있었다면 재산은 약 958억 달러에 달했을 것이다.

- 앤드류 잭슨 대통령에게는 끊임없이 욕을 하는 앵무새가 있었다.

- 체스의 기원은 6세기까지 거슬러 올라가는데 당시 체스 말에는 퀸이 없었다. 나중에 퀸이 추가되었는데 처음 사용되었던 당시에는 힘이 약한 말이었다. 그러다가 15세기 말 스페인 카스티야의 여왕 이사벨라가 스페인의 무적함대를 이끌며 남편인 페르난도 왕보다 강해지자 퀸에 대한 새로운 규칙이 생겼고, 오늘날 우리가 알고 있는 형태의 체스게임이 완성되었다.

- '엉클 샘Uncle Sam'은 본래 1812년 영국과의 전쟁 당시 미군에 식량을 납품한 샘 윌슨을 가리키는 표현이었다. 하지만 지금은 미국 자체

를 의인화한 이름이 되었다.

- 우주로 나간 첫 번째 여성은 러시아 우주비행사 발렌티나 테레시코바로 1963년에 우주비행에 성공했다. 그런데 칫솔 챙기는 걸 깜빡하는 바람에 우주에 머무는 동안 손가락으로 양치를 해야만 했다.

- 샐리 라이드는 최초의 미국인 여성 우주비행사이다. 그녀는 1983년에 일주일간 우주비행을 했는데, 미국항공우주국NASA에서 일하는 남자 직원들은 그녀에게 탐폰을 100개 정도 준비하면 충분한지 물었다. 라이드는 너무 많다고 답했다고 한다.

- 제2차 세계대전 당시 연합군은 히틀러가 먹을 음식에 에스트로겐을 몰래 넣어 그를 여성스럽게 만들자는 계획을 세운 적이 있다. 얌전한 그의 여동생 파올라처럼 만들자는 데서 착안한 아이디어였지만 실행되지는 않았다.

- 해적들이 귀걸이를 착용한 이유는 그렇게 하면 시력이 좋아진다고 믿었기 때문이다. 당연하게도 이는 사실이 아

니었지만, 덕분에 동료가 죽으면 그가 착용했던 은이나 금귀걸이를 팔아서 장례를 치러주거나 시신을 고향으로 보내줄 수 있었다.

• 과거 아이비리그 대학에 입학한 신입생은 학적부 기록을 위해 나체사진을 찍어야 했다. 이 '증명사진'은 1880년 하버드에서 시작해 1940년대에 다른 학교로도 퍼지다가 1970년대가 되어서야 없어졌다. 혹시 민망한 사진을 보내다가 걸리면 아이비리그 대학의 전통을 따랐을 뿐이라고 변명하면 된다.

• 바이킹족이 쓰던 투구에는 사실 뿔이 달려있지 않았다.

• 악수는 서로 오른손에 무기를 숨기고 있지 않다는 것을 보여주기 위해 시작되었다.

마취 없는 외과수술

미국의 11대 대통령 제임스 K. 포크는 마취 없이 쓸개를 제거했다. 당시 그의 나이는 열일곱 살이었고 19세기 초반에는 이런 식의 외과수술이 꽤 흔했다.

- 미국의 27대 대통령 윌리엄 하워드 태프트는 백악관 잔디밭에서 소 한 마리를 키웠다. 소의 이름은 폴린 웨인으로, 가축이라기보다는 사랑받는 반려동물에 가까웠고 「워싱턴포스트」에도 스무 번 넘게 실렸다.

- 피사의 사탑은 처음부터 기울어진 채 세워졌다. 두 번째 층을 세울 때부터 이미 기울기 시작한 탓이다.

- 미국 건국의 아버지라 불리는 존 애덤스와 토머스 제퍼슨은 같은 날인 1826년 7월 4일에 세상을 떠났다. 이날은 미국이 독립을 선언한 지 50주년이 되는 날이었다.

- 위 내용과 관련해서 한 가지 추가하자면, 원래 미국의 독립선언 결의안이 통과한 것은 1776년 7월 2일이었으나, 세부내용 수정을 거친 후 7월 4일에 공식적으로 선포되었다.

- 철학자 플라톤의 원래 이름은 플라톤이 아니다. 밥이다. 미안, 농담이다. 그의 원래 이름은 아리스토클레스이고, 플라톤이라는 이름은 레슬링 경기에 출전할 때 사용했던

역사적 사실들

별명이었다고 한다. 플라톤은 그리스어로 '어깨가 넓은'
이라는 뜻이다.

• 중세 말 영국과 프랑스 간에 있었던 백년전쟁은 사실
1337년부터 1453년까지 116년간 지속됐다.

• 바이킹족은 결혼선물로 새끼고양이를 주며 여신 프레이
야의 축복을 비는 풍습이 있었다. 프레이야는 북유럽 신
화에 등장하는 사랑의 여신으로 고양이가 끄는 마차를
타고 다니며, 사랑과 풍요, 다산 등을 상징한다.

• 고대 페르시아의 공무원들은 법에 관한 논의사항이 있으
면 두 번에 걸쳐서 논의를 진행했는데, 한 번은 멀쩡한 정
신으로, 한 번은 술에 취한 채로 했다.

• 율리우스 카이사르는 해적에게 납치된 적이 있다. 이들은
카이사르가 안전하게 돌아가기를 원한다면 몸값을 내라
고 요구했다. 카이사르는 해적이 부른 몸값을 듣고 코웃
음을 치며 값을 더 올려 부르라고 말했고, 그들은 높은 몸
값을 받았다. 풀려난 카이사르는 즉시 함대를 꾸려서 해

적들을 처형했다.

- 나폴레옹은 군인이 주인공으로 등장하는 로맨스 소설 「클리송과 외제니Clisson et Eugénie」를 썼다.

- 시어도어 루스벨트의 딸 앨리스 루스벨트 롱워스는 반항 아에 파티광이었다. 그녀는 십대 시절을 백악관에서 보내 면서 가방에 단도短刀와 헌법서 한 부, 그리고 에밀리 스 피니치라는 이름의 애완뱀 한 마리를 가지고 다녔다. 본 인의 결혼식에서는 웨딩케이크를 검劍으로 잘랐고, "누군 가에게 건넬 좋은 말이 없다면, 이리 와서 내 옆에 앉아" 라고 수놓은 베개를 뻤다.

- 마법과 사냥개, 교차로의 여신을 로마식으로 부르는 이름 은 트리비아Trivia이다. 그리고 앞서 언급한 것처럼 이 책 에서 다루는 내용과 같은 잡학 상식을 의미하기도 한다.

- 노크해서 깨우는 사람이라는 뜻의 '노커 어퍼knocker upper'는 자명종이 없던 시절 잉글랜드와 아일랜드에서 자명종 역할을 했던 사람을 가리킨다. 이들은 기다란 막

역사적 사실들

대기로 창문을 두드리거나 콩알을 쏘아서 고객을 깨우는
일을 했다.

다음에 나오는 말을 한 여성이 누구인지를 맞춰보자. 정답은 보기에 나와 있으니 고르면 된다.

Q1 "우리는 침묵을 강요당할 때 비로소 목소리의 중요성을 깨닫는다. We realize the importance of our voices only when we are silenced."

Q2 "그 많은 시를 써놓고도 이름을 밝히지 않은 익명 작가들의 대부분은 여성일 거라고, 나는 과감히 추측한다. I would venture to guess that Anon, who wrote so many poems without signing them, was often a woman."

Q3 "말하지 못한 이야기를 마음속에 담아두는 것보다 더 큰 고통은 없다. There is no greater agony than bearing an untold story inside you."

Q 4 "당신이 소중히 여기는 것을 위해 싸워라. 하지만 다른 이들을 함께 이끌 수 있는 방식으로 싸워라. Fight for the things that you care about. But do it in a way that will lead others to join you."

Q 5 "우리는 딸을 아들처럼 키우기 시작했다. 하지만 아들을 딸처럼 키울 용기가 있는 이는 드물다. We've begun to raise daughters more like sons … but few have the courage to raise our sons more like our daughters."

Q 6 "전통적 여성상에 순응하기를 멈추었을 때 그녀는 비로소 여성으로 사는 것을 즐기게 됐다. When she stopped conforming to the conventional picture of femininity she finally began to enjoy being a woman."

Q 7 "저들이 저급하게 굴더라도 우리는 고급스럽게 갑시다. When they go low, we go high."

Q 8 "방관하고, 홀쩍이고, 불평하기만 해서는 앞으로 나

아갈 수 없다. 실행해야 나아갈 수 있다. You don't make progress by standing on the sidelines, whimpering and complaining. You make progress by implementing ideas."

Q 9 "이만큼 값싸보이려면 돈이 많이 든다. It costs a lot of money to look this cheap."

Q 10 "십대 시절부터 나는 여성성이 단순한 장식이 아니란 것을 알고 있었다. 나의 여성성은 나를 확장하고, 나와 내정체성을 표현하게 해주는 것이다. I knew even as a teenager that my femininity was more than just adornments ; they were extensions of me, enabling me to express myself and my identity."

보기

ⓐ 돌리 파튼(배우 겸 가수)

ⓑ 셜리 치점(정치인)

ⓒ 버지니아 울프(작가)

ⓓ 말랄라 유사프자이(인권운동가)

ⓔ 러번 콕스(배우)

ⓕ 마야 안젤루(작가)

ⓖ 베티 프리단(여성학자)

ⓗ 글로리아 스타이넘(여권운동가)

ⓘ 미셸 오바마(변호사, 전 영부인)

ⓙ 루스 베이더 긴즈버그(미국 대법관)

정답

Ⓐ1 ⓓ Ⓐ2 ⓒ Ⓐ3 ⓕ Ⓐ4 ⓙ Ⓐ5 ⓗ Ⓐ6 ⓖ Ⓐ7 ⓘ
Ⓐ8 ⓑ Ⓐ9 ⓐ Ⓐ10 ⓔ

패션

　23살에 나는 생애 처음으로 영국 시골에서 아침을 맞이했다. 당시 나는 영화 「악마는 프라다를 입는다」의 주인공처럼 우연히 「보그」지에서 일하게 된 상황이었고, 내 상사 편집자와 함께 늦은 시각에 그의 시골집에 도착했다. 그때는 집 안팎이 모두 어두워 주변을 살피지 못했다. 그리고 다음 날 아침, 침실 창밖에는 지금까지 본 것 중 가장 드넓은 풀밭이 구불구불한 언덕 위로 넓게 펼쳐져 있었다. 그 풍경을 보자마자 눈알이 빠지는 줄 알았다. 방을 둘러보고 나서야 내가 다이아몬드 무늬로 뒤덮인 침대에서 잤다는 것을 알아차렸다.

　다이아몬드 무늬 침대가 있는 아름다운 영국 시골집에서 보낸 그 며칠은 아직까지도 내 인생에서 가장 멋진 시간으로 남아있다. 나는 소비지상주의를 경계하고, 가능하면 절약하며 살기위해 노력하는 실용적인 작가이지만, 뮤직비디오 세트장 같은 곳에서 깨어나는 경험은 숨 막히도록 기분 좋은 일이었음을 인정한다. 인간은 특별한 생활방식을 통해서 행복해질 수 있다는 것을 이야기하고 싶다.

아름다움과 패션을 추구하는 것이 천박하다고 여기는 사람도 있겠지만 나는 이것들의 힘이 매우 크다고 믿는다. 아름다움과 패션은 우리가 일상에서 가장 쉽게 예술을 접할 수 있는 방법이다. 그래서 2020년 뉴욕에 메이크업 뮤지엄이 개관했을 때 나는 무척 기뻤다.

메이크업 뮤지엄의 상임이사 도린 블로흐는 기대했던 대로 스타일과 뷰티에 관한 흥미로운 이야기를 많이 알고 있었다. 그가 내게 알려준 몇 가지는 다음과 같다.

"'퀸'이라고도 불리는 윌리엄 도시 스완은 최초의 드래그퀸으로 알려져 있어요. 그는 1800년대 중반에 메릴랜드에서 노예로 살았고, 자유의 몸이 된 후 워싱턴D.C.에서 드래그 파티를 열었어요. 그 파티에서 스완은 여자 분장을 했다는 이유로 체포되었죠."

"메이크업 아티스트로서는 처음으로 세계적인 셀럽이 된 케빈 어코인은 종종 모델이나 유명인이 바닥에 누운 상태로 메이크업을 해주곤 했어요. 그 바람에 많은 메이크업 아티스트들도 그 방식을 써보라는 말을 들어야 했죠….

퍼크 웨스트모어도 그런 말을 들은 사람 중 하나였어요. 그는 당시 최고의 할리우드 배우인 베티 데이비스가 워너브러더스 스튜디오에서 작업하는 기간 내내 개인 메이크업 아티스트로 일했는데, 그녀는 소파에 벌거벗은 채로 누워 메이크업 받는 걸 좋아했다고 알려져 있죠!"

대단하네요, 베티. 정말 대·단·해·요.

• '미녀는 잠꾸러기'라는 말은 일리가 있다. 피부 탄력을 유지시켜 준다고 알려진 단백질의 일종인 콜라겐은 종류가 두 가지인데 그중 하나는 자는 동안 보충된다.

• 1950년대 초반에는 전체 여성의 7% 정도만 염색을 했다. 지금은 70%가 염색을 한다.

• 대부분의 사람은 왼쪽 얼굴이 오른쪽 얼굴보다 더 매력적이다. 이 현상을 설명하는 이론 중 하나는 다음과 같다. 왼쪽 얼굴은 우뇌가 담당하는데, 우뇌는 감정 처리를 더 잘 하기 때문에 내 얼굴이 남에게 어떻게 보여야 하는

패션

지를 월등하게 잘 전달한다는 것이다.

• '블랙 프라이데이'는 쇼핑 열풍 덕에 소매업자가 '흑자'를 보는 현상 때문에 만들어진 단어가 아니다. 1950년대 필라델피아 경찰들이 추수감사절 다음 날을 '블랙 프라이데이'라고 부른 데서 유래했다. 그때 너무나 많은 사람이 쇼핑몰에 몰리는 바람에 경찰들이 휴가를 내기는커녕 연장근무까지 하게 되면서 완전히 엉망이 된 날을 표현한 것이다.

• 로마제국 초기에 성 노동자들은 머리카락을 금발로 염색해야 했다. 모두가 그들을 알아보도록 하기 위해서였다.

• 고대 페니키아인들은 기막히게 멋진 방식으로 머리카락을 염색했다. 머리에 금가루를 뿌리는 방식이었다.

• 브래지어 후크를 발명한 사람은 소설가 마크 트웨인이다. 원래는 옷에 달린 일반 단추, 똑딱이 단추, 벨트 등을 대체하기 위해 만들었는데, 트웨인이 특히 멜빵을 싫어했기 때문이었다.

- 분홍색과 파란색이 각각 여성과 남성을 상징하는 색으로 인식되기 시작한 것은 20세기 이후의 일이다. 20세기 초에는 분홍색이 남자아이들을 위한 색이었고 파란색이 여자아이들을 위한 색이었다. 아마도 성모 마리아가 입은 파란색 옷과 연관되어서 그랬었던 듯하다. 이는 1940년대에 와서 뒤바뀌었다.

- 1946년 비키니 수영복이 시장에 처음 나왔을 때, 바티칸 교황청에서는 이를 죄악이라고 비난했다.

- 고대 로마인들은 심장에서부터 왼쪽 네 번째 손가락까지 하나로 이어지는 핏줄이 있다고 믿었고 그것을 '사랑의 핏줄'이라고 불렀다. 그래서 왼쪽 네 번째 손가락에 약혼반지와 결혼반지를 끼는 문화가 생겼다.

- 영국의 화학자 윌리엄 헨리 퍼킨 경이 1856년에 우연히 보라색 합성염료를 만들기 전까지 보라색은 대중이 쉽게 접하기 어려운 색이었다. 그전에는 달팽이 같은 연체동물을 햇볕에 말린 후 짜내는 방식으로 보라색을 얻었다. 보라색 염료 1g을 얻으려면 9,000마리가 넘는 달팽이가 필

요했다고 하니, 보라색 천이 왜 그토록 비쌌으며 어째서
왕족만 보라색 옷을 입을 수 있었는지 이해가 간다.

• 남성형 대머리 유전자가 어머니로부터 물려받는 것이란
  말은 근거 없는 미신이다! 남성형 대머리는 양쪽 부모로
  부터 물려받는다.

• 요코 오노는 존 레논과 결혼할 때 케즈Keds 운동화를 신
  었다.

• 청바지는 미국을 대표하는 옷이 되기 전까지 프랑스 남
  부에서 디자인되어 이탈리아에서 생산되었다. 청바지를
  뜻하는 단어 '진jeans'은 청바지 생산지인 이
  탈리아의 도시 제노바의 다른 명칭이다.

• 사람 몸에서 발견된 가장 오래된 문신
  의 흔적은 기원전 3,000년으로 거슬러
  올라간다.

• 하이힐은 원래 남성들의 신발이었다.

- 14세기 프랑스에서는 줄무늬 옷을 입는 것이 불법이었다. 사람들은 줄무늬 옷을 악마의 옷이라고 여겼고, 줄무늬 옷을 입고 나갔다가 사형을 당하기도 했다.

- 제2차 세계대전 중 나일론이 부족해지자 미국 여성들은 전문가가 다리에 발라주는 '액체 스타킹'을 이용했다. 다리 뒤쪽에 펜슬 아이라이너로 봉합선까지 그려 넣었다.

- 러시아 황제 표트르 대제와 잉글랜드의 왕 헨리8세는 통치 기간에 '수염세'를 부과했다. 헨리8세는 본인이 수염을 길렀는데도 수염에 세금을 매겼다.

- 패션 디자이너 마크 제이콥스는 몸에 많은 문신을 새겼는데 그중에는 스폰지밥, 엠앤엠즈 초콜릿, 코믹 애니메이션 사우스 파크 캐릭터, 그리고 심슨가족 문신도 있다.

- 고대 그리스의 정극배우들은 자기들이 희극배우들보다 우월하다는 것을 강조하기 위해 굽이 높은 신발을 신었다.

- 아시아계 사람들은 다른 인종에 비해 머리카락이 빨리

자란다.

• 미국인들은 평균 일곱 벌의 청바지가 있다.

• 남자들은 빨간색 옷을 입은 여자에게 호감을 더 느낀다 고 한다. 한 연구 결과, 빨간 옷을 입은 여자와 이야기할 때 더 깊은 대화를 나누는 것이 확인되었다. 이유는 아직 미스터리다.

• 배우 엘리자베스 테일러의 마지막 소원은 주인공이 늘 그렇듯 행사장에 마지막으로 도착하는 것이었다. 그래서 테일러의 시신은 그녀의 유언대로 장례식 시작 시각보다 15분 늦게 도착했다.

• 염색된 양말에 비소를 비롯한 여러 가지 독성 물질이 있 던 시절이 있었다. 흰 양말에만 해가 되는 물질이 없었던 것이다. 사람을 죽이거나 불구로 만들지 않는다는 이유로 흰 양말에 대한 수요가 높았다.

• 직장인들이 일주일에 한 번 복장을 자유롭게 입을 수 있

는 '금요일 캐주얼 데이'의 원조는 1960년대에 하와이에서 시작된 '알로하 프라이데이Aloha Friday'였다. 하와이 근로자들은 금요일마다 (혹은 여름 내내) 통풍이 잘되는 하와이안 셔츠를 입곤 했다.

- 청바지 앞주머니에 달린 작은 주머니의 본래 용도는 회중시계를 넣는 것이었다.

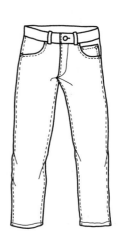

패션

테크놀로지

"왜 2019년 이후로 휴대폰 업데이트를 안 해?"

"이거 충전기는 어딨어?"

"혹시 컴퓨터에 콘치즈 흘렸어?"

남편이 거의 매일 하는 질문이자 내가 시원스럽게 대답할 수 없는 질문들이다. 나는 밀레니얼 세대지만 나를 둘러싼 놀라운 첨단기술과는 근본적으로 친해질 수가 없는 사람이다. 내 손에 닿으면 다 망가지니까. 투박하고 서툰 내 본성 탓이다. "고장 나지 않았다면 고치지 말라If it ain't broke, don't fix it"라는 속담 대신 나는 이렇게 말한다. "고장 나지 않았다면 내가 접근하는 것을 막아라."

감사하게도 세상에는 나보다 훨씬 요령 있고 현명한 사람들이 있다. 「멀리하기의 힘: 가상 세계에서 제정신을 유지하기 위해 주의해야 할 것들The Power of Off: The Mindful Way to Stay Sane in a Virtual World」의 저자이자 심리치료사인 낸시 콜리어는 인간과 기술의 접점에서 발생하는 문제에 관한 전문적인 지식을 가지고 있다. 그녀가 알려준 정보는 딱히 기분 좋은 것들은 아니지만, 재미는 있다.

"2000년에 조사된 바로는 인간의 집중력이 지속되는 시간은 12초라고 해요. 하지만 그때보다 더 디지털화된 생활방식 때문에 현재는 8초로 줄었어요. 별로 끔찍하게 들리지 않을지도 모르겠지만 인간이 금붕어보다 집중력 지속 시간이 1초 짧다는 걸 의미하기도 해요. 금붕어는 9초간 집중할 수 있으니까요."

이 결과가 주는 교훈은 금붕어를 존경해야 한다는 것. 적어도 집중력에서만큼은 우리보다 나은 능력을 지녔으니까.

• 세계에서 가장 작은 상업용 카메라는 크기가 모래알만 하다.

• 트위터의 파랑새 로고에도 이름이 있다. 래리 버드, 미국의 전설적인 농구선수와 같은 이름이다.

• 페이스북의 메인 컬러가 파란색인 이유는 창립자 마크

테크놀로지

저커버그가 빨강과 초록을 구분하지 못하는 적록색맹이기 때문이다.

- 1998년 소니에서, 밤에도 사진과 동영상을 촬영할 수 있는 특수 카메라를 선보였다. 하지만 이 제품은 리콜되었는데, '나이트 샷'이라는 특정 렌즈를 이용하면 옷 속 투시가 가능했기 때문이다.

- 외과의사 중에 인생을 통틀어 일주일에 세 시간 이상 게임을 한 적이 있는 의사는, 한 번도 그래 본 적이 없는 의사에 비해 수술 중 실수가 37% 더 적었으며, 수술을 27% 더 빨리 끝냈다.

- 스티브 잡스는 직원들 앞에서 아이팟 초기 모델을 어항에 빠뜨렸다. 그러자 가라앉은 아이팟에서 기포가 나와

수면으로 올라갔다. 그는 이걸 가리키며 아이팟을 더 작게 만들라고 요구했다. 공기가 들어갈 자리가 있다면 그만큼 줄일 수 있는 공간이 있다는 의미니까.

- 마이크로소프트는 '마이크 로Mike Rowe'라는 십대 소년에게 소송하겠다고 협박한 적이 있다. 그가 2003년에 '마이크로소프트닷컴MikeRoweSoft.com'이라는 웹사이트를 만들었기 때문이다. 양측은 소송 없이 합의로 마무리했다.

- 카메라와 2.7m 정도 떨어진 거리에서 손가락을 V자로 세운 다음 플래시를 터뜨려 사진을 찍으면 그 사람의 뚜렷한 지문을 얻을 수 있다.

- 아마존에서 판매되는 상품은 고객리뷰에서 별 하나를 더얻을 때마다 판매량이 평균 26% 증가한다.

- 백화점이나 대형마트 입구에서 나오는 세찬 바람은 에어컨 바람이 아니다. 이는 '에어 커튼'으로, 더운 공기가 안으로 들어오거나 차가운 공기가 밖으로 나가는 것을 막아주는 역할을 함으로써 에너지와 비용을 아껴준다.

- 마지막으로 제작된 비디오 테이프는 2016년 1월에 녹화되었다.

테크놀로지

- 2010년대에는 인스타그램 필터 이름을 아기에게 붙여주는 게 유행이었다. 그래서 루트비히, 럭스라는 이름이 크게 증가했다.

- 구글의 초창기 이름은 '백럽Backrub'이었다.

- 닌텐도의 대표 캐릭터 마리오는 처음부터 슈퍼마리오 브라더스 캐릭터로 탄생한 것이 아니다. 마리오는 원래 1981년에 나온 오락실 게임 동키 콩Donkey Kong에서 별다른 이름없이 '점프맨'으로 불리는 캐릭터였다. 그러다 캐릭터에 이름을 지어야 마케팅에 도움이 된다는 의견이 나왔고, 닌텐도 미국 지사의 건물주였던 마리오 시갈리의 이름을 따서 '마리오'라는 이름을 갖게 되었다.

- 트위터에는 1초당 6,000개의 트윗이 올라온다.

- 실수로 닫아버린 인터넷 탭을 다시 열고 싶다면 맥MAC 에서는 'Command + Shift + T'를, 윈도우에서는 'Ctrl + Shift + T'를 누르면 된다.

• 발송되는 문자 중 90%는 3분 이내에 읽힌다.

• 통신장비를 제조하는 핀란드의 기업 노키아는 원래 자동차 타이어부터 두루마리 휴지까지 다양한 제품을 만드는 회사였다. 그러다 1990년대 말 휴대폰을 만들어 약 13년간 세계시장 점유율 1위를 차지했다. 하지만 2010년대에 불어닥친 스마트폰 열풍에 대처하지 못하고 2014년 마이크로소프트에 매각되었다.

• 멜로디 생일카드 속 칩의 연산력은 1945년 연합군이 사용했던 것보다 더 뛰어나다.

• 구글에 '비스듬한, 비뚤어진'이라는 뜻의 영어 단어 'askew'를 검색하면 창이 기울어지게 보인다. 구글, 너 좀 귀엽네.

• 팩스의 초기 버전은 1843년에 발명됐다. 전화기 발명보다 30년 앞선 일이다.

• 로봇은 살짝 냉소적으로 프로그래밍 되었을 때 사용자에

테크놀로지

게 더욱 신뢰감을 준다고 한다.

- 1997년 빌 게이츠는 애플이 파산하는 것을 막기 위해 1억5,000만 달러를 투자했다.

- 2017년 새롭게 도입된 충돌 테스트용 마네킹은 더 나이 들고 무거워진 미국인의 평균체형을 반영했다.

- 한 연구 결과에 따르면 우리는 매일 2,617번 휴대폰을 만진다.

- 컴퓨터 마우스가 움직이는 속도를 잴 때는 '미키mickey'라는 단위를 사용한다.

- 큐브를 1초에 20번 미만으로 움직여서 맞출 수 있는 로봇이 있다.

- 충격적인 사건을 겪은 후 테트리스 게임을 하면 갑자기 과거의 장면이 떠올라 괴로움을 느끼는 플래시백flashback을 막는 데 도움이 된다.

- 2017년까지 페이스북에서는 마크 저커버그의 계정을 차단하는 것이 불가능했다.

- 인스타그램의 초창기 이름은 버번Burbn이었다. 버번은 아메리칸 위스키의 한 종류인데, 창립자가 위스키를 좋아했기 때문에 붙은 이름이라고 한다.

- 휴대폰 자판을 치는 속도가 점점 더 빨라지고 있다. 최근 데이터에 따르면 사람들은 평균적으로 1분에 38개 단어를 입력한다고 한다.

- 원소주기율표에 있는 원소 중 반 이상이 아이폰 한 대에 들어있다.

- 미국중앙정보국(CIA)에서는 매일 500만 개의 트윗을 읽는다. 와우, 적어도 누군가는 내가 올린 어처구니 없는 개그를 읽어주는구나.

- 1994년 천문학자 칼 세이건은 애플사에 소송을 걸었는데, 그 이유는 자기들끼리 내부에서 부르는 컴퓨터 이

테크놀로지

름 중 하나가 '칼 세이건'이었기 때문이다. 그러자 애플은 그 컴퓨터 이름을 BHA, 즉 '얼간이 점성술사Butt Head Astrologer'로 바꿨고 세이건은 다시 명예훼손으로 소송을 걸었다. 양측은 이후 협의로 마무리했다.

• 1986년 출시된 닌텐도 게임 「악마성 드라큘라」에는 고음질의 맞춤 음악이 커스텀되어 있다. 게임 덕후들이 오늘날까지 그 멜로디를 기억할 수 있는 이유가 이것이다.

• 2016년 UN은 인터넷 접속에 대한 자유가 인간의 기본권리에 포함됨을 선언했다.

퀴즈

이번 퀴즈에서는 원소주기율표에 있는 어느 원소에 관한 정보와 철자를 단서로 제공할 것이다. 단, 철자는 다르게 배열되어 있다.

난이도를 좀 더 올리고 싶다면 다른 사람에게 대신 질문을 읽어달라고 해도 좋다. 특히 철자를 다르게 쓴 단서를 강조해서 읽어달라고 말이다. 단서를 보지 않은 채 단어를 맞히려고 하면 난이도를 더욱 높일 수도 있다.

Q1 부유하지만 외로우며(rich lone) 수영을 좋아하는 당신, 개인수영장에 이 물질을 넣어서 수인성 전염병을 예방하길 바란다.

Q2 알약 형태로 된 이 물질을 복용하면 편두통, 신장결석, 그리고 변비를 음… 완화(umm easing)하는 데 도움이 된다.

Q4 이 무기질은 식물 세포벽의 구조를 유지하게 해주지만 사람에게도 유익하다고 알려져 있다. 뼈와 뇌 건강에 도움이 될 뿐만 아니라 에스트로겐과 테스토스테론 보충제의 작용을 돕는다며 복용하는 사람도 있다. 하지만 확실한 과학적 근거가 있느냐고 묻는다면 이렇게 답하겠다. 이봐, 아니라고!(no bro)

Q4 양극성 우울증이 있는 사람이 알약 형태로 된 이것을 복용하면 감정을 조절하는 데 도움이 된다고 한다. 그렇다고 무작정 먹으면 안 된다. 항상 필요한 게 있는데, 어, 조절(uh, limit)이다.

Q5 광택이 나는 이 금속은 예전에는 콜kohl이라 불리는 화장품으로 쓰였다. 오늘날 우리 나라(my nation)에서는 대부분 내연재로 쓰인다.

Q6 이 가스는 주기율표에 있는 원소 중 반응성이 가장 뛰어나기 때문에 매우 위험한 원소이다. 양이 많으면 독성이 강하고(fouler in) 피부에 화상을 입히거나 치명적일 수 있다. 하지만 수돗물에 소량이 더해지면 치아 건강에 도움을 주는

굉장한 원소이다.

Q 7 이 금속은 밝은 은색이지만 금보다 비싸다. 하지만 금도 나쁘진 않다. 절뚝거리는 참치(limp tuna)보다는 낫다는 뜻이다.

Q 8 이 원소는 로마제국 시대부터 르네상스 시대까지 적을 죽이기 위한 독으로 사용되었다. 쌀에는 자연적으로 이 원소가 일부 들어있는데 나는 이 정도면 괜찮다고(nicer as) 생각한다. 초밥에 아주 살짝 들어있겠지만 당신에게 해를 입지는 않을 것이다.

Q 9 이 기체는 화합물을 잘 만들지 못하는 비활성기체로 우주 전체에서 두 번째로 흔한 원소다. 하지만 나는 이 기체가 내 생일파티 풍선에 채워져 있을 때가 제일 좋다. 둥둥 뜬 내 풍선이 무슨 색이냐고? 어, 라임색(uh, lime)이다.

Q 10 지구에서 가장 흔하게 볼 수 있는 금속이며 강철 제품을 만드는 데 쓰인다. 회색인 이 금속은 누아르(noir) 영화와 잘 어울리는 것 같다.

인간의 본성

가장 최근에 누군가 당신의 마음을 아프게 한 게 언제였는가? 반대로 당신이 누군가의 마음을 아프게 한 것은 언제였는가? 그런 일들은 우리를 생각에 잠기게 만들지만, 그렇다고 그일들이 우리가 누구인지, 무엇을 하며 사는지를 정의하지는 않는다.

이번 장에는 특별히 인류라는 존재가 신의 실패작이 아님을, 마음속에 선함을 간직한 존재라는 것을 깨닫게 해주는 사실을 모아놓았다. 나는 '문화연구및분석센터Center for Cultural Studies and Analysis' 소장이자 인간생물학, 뇌과학, 행동학을 연구하는 마거릿 J. 킹 박사와 이야기를 나누었다. 킹 박사는 내게 자기가 가장 좋아하는 주제에 관한 짤막한 지식을 전해주었다.

"인간은 1분당 평균 120개의 단어를 말하고 250~400개의 단어를 읽어요. 주변 상황과 환경은 0.25~0.45초 만에 파악하죠. 1분당 600개의 단어로 생각하고요."

그러니 무언가를 처리하거나 소통할 때 더딘 자신에게 실망하게 되는 것이 정상이라는 사실을 기억하길 바란다. 머릿속에서 일어나는 모든 일은 각각의 속도에 따라 이루어지니 말이다. 답답할 땐 숨을 크게 들이쉬고 저절로 해결되도록 잠깐 기다려보자. 우리 뇌는 자기가 해야 할 일을 하고 있을 테니 말이다. 이제 인간에 관한 새로운 사실을 더 알아보자.

- 다른 이를 향한 동정은 본능적인 반응이다.

- 생존에 필요한 기본 조건이 갖추어지면 인간은 물건을 살 때보다 경험을 살 때 더 큰 만족을 느낀다.

- 미국인들은 매년 더 친환경적인 선택을 한다.

- 성인이 하루에 웃는 횟수는 네 번에서 스무 번 사이이다. 한편, 네 살에서 여섯 살 사이의 아이들은 하루에 약 300번 웃는다.

- 일반적으로 사람들이 침대 시트를 교체하는 주기는 평균 24.4일이다. 하지만 응답자의 5%는 일 년에 한두 번밖에 교체하지 않는다고 답했다. 말도 안 돼!

- 봉사활동을 하는 사람들은 그렇지 않은 사람들에 비해 워크라이프밸런스work-life-balance 만족도가 높았다. 두 집단의 여가시간이 비슷한데도 말이다.

- 사람은 대부분 10대 이후에 자기애가 감소한다.

- 미소짓는 법은 배우는 것이 아니다. 선천적인 것이다.

- 캔들 구매자의 96%는 여성이다.

- 하루에 여섯 시간만 자도 무리 없이 생활할 수 있는 '쇼트 슬리퍼short sleeper'는 단 1%에 불과하다. 하지만 실제로 하루에 여섯 시간 정도만 자는 사람은 전체 인구의 3분의 1이나 된다. 여러분, 우리 수면시간을 좀 더 늘립시다.

- 미국인의 평균 샤워 시간은 8분이다.

- 종교인 중 7%는 주차하기 좋은 자리가 나게 해달라는 기도를 한 적이 있다. 그리고 비슷한 비율의 사람들이 과속 딱지가 날아오지 않기를 기도한 적이 있다.

- 사람들이 베프를 만나는 평균 나이는 21살이다.

- 이타심 있는 행동을 할 때 뇌가 자극받는 부분은, 먹을 때와 섹스할 때 자극받는 부분과 같다.

- 다른 계절에 비해 여름에 가장 많은 아기가 태어나는데, 특히 8월 출생률이 높다.

- 그럼에도 불구하고 미국에서 가장 흔한 생일은 9월 9일이다.

- 키스가 로맨틱한 행동이라고 여기는 지역은 전체 문화권 중 46%에 불과하다.

- 알람이 울릴 때 '다시 알림snooze' 버튼을 누르고 다시 잠드는 사람들에게 반가운 소식이 있다. 영국에서 실시한

연구에 따르면 다시 알림 버튼을 누르는 사람은 그렇지 않은 사람보다 더 똑똑하다고 한다. 비교적 최신 기술인 이 기능을 적극 활용한다는 점을 지능 발달의 신호로 보는 것이다. 또다른 연구에서는 늦게 잠자리에 들고 늦게 기상하는 사람이 반대의 경우보다 더 행복하고 창의력이 높은 것으로 밝혀졌다.

• 밀레니얼 세대의 84%가 자선단체에 기부한다. 이는 앞선 어느 세대보다도 높은 수치이다. 거봐요, 우리가 그렇게 나쁜 애들은 아니라니까.

• 이성애자 여성이 전남친이나 전남편을 볼 때보다, 이성애자 남성이 전여친이나 전아내를 볼 때 더 호의적인 경향이 있다.

• 연차를 모두 사용하는 근로자 수는 매년 줄어들고 있다. 2018년 미국에서는 무려 7억6,800만 일의 연차가 사용되지 못하고 사라졌다. 여러분, 제발 좀 쉽시다!

• 10대의 게으름은 본성이다. 뇌가 사춘기의 혼란을 견디

인간의 본성

기 위해 자꾸 휴식을 취하려 하기 때문이다. 한 연구에 따르면 사춘기 이후에는 이런 상태에서 벗어나게 된다.

• 미신을 믿는 행동은 불안함을 덜어준다. 스스로 일을 통제할 수 있다고 믿게 해주기 때문이다. 행운의 부적을 지니는 것도 한 방법이다. 마음이 한결 편안해질 것이다.

• 인간은 타인과 싸우는 것보다 공감하는 본능을 갖고 태어났다.

• 욕을 하는 사람은 그렇지 않은 사람보다 더 솔직하다.

• 10대들은 40대보다 휴대폰으로 1분에 단어 열 개를 더 입력할 수 있다.

• 피곤할 때 정크푸드를 먹는 바람에 죄책감을 느꼈다면 그러지 않아도 된다. 몸이 매우 피곤하면 그런 음식을 더 찾게 되기 마련이니까. 하지만 그럴 때 건강한 음식을 먹으면 에너지를 얻는 데 더 도움이 된다.

- 아기 웃음소리가 어린이나 어른이 내는 웃음소리와 다르 다고 느낀 적이 있는가? 아기들은 숨을 내쉴 때뿐만 아니 라 들이마실 때도 웃기 때문에 웃음소리가 다르다. 하지 만 성장하면서 숨을 내쉴 때만 웃는다.

- 오른손잡이보다 왼손잡이가 싸움에서 이길 확률이 높다. 오른손잡이는 왼손잡이와 싸우는 데 익숙하지 않아 허를 찔릴 수 있기 때문이다.

- 명상하는 미국인이 꾸준히 늘고 있다. 2012년에는 4.1% 밖에 되지 않았지만 5년 후에는 14.2%로 크게 증가했다.

- 시각장애인도 꿈에서는 '볼' 수 있다고 한다.

- '집단 나르시시즘collective narcissism'이 일어나면 개인은 자기가 대단한 집단에 속해 있다는 비현실적 신념을 갖 게 되며, 집단의 중요성을 더 크게 확장시킨다. 집단 나르 시시즘이라는 개념이 존재한다는 사실을 인지하는 것만 으로도 이를 피하는 데 도움이 된다.

인간의 본성

- 멀티태스킹이 잘 안 되는 건 당신만의 문제가 아니다. 한 연구에 따르면 조사 대상자의 2%만이 여러 업무를 효율적으로 번갈아가며 수행할 수 있었다.

- 종이 쓸 일이 줄어드는 세상이라고 생각한다면 다시 생각해보자. 밀레니얼 세대의 82%는 종이로 된 연하장이나 축하카드를 받는 것을 좋아한다니 말이다.

- 영상이나 무대를 볼 때 배경에 웃음소리가 깔려 있으면 실제로는 별로 웃기지 않은 장면인데도 사람들은 웃기다고 여긴다.

- 옛날 사람들은 밤잠을 두 번에 나눠서 잤다. 해가 지면 잠자리에 들었다가 일어나, 두어 시간 휴식을 취하거나 바느질을 하거나 달빛 아래에서 장작을 패거나 독서를 하다가 다시 잠자리에 들어 해가 뜰 때 일어나는 게 보편적이었다.

- 형제들 가운데 몇째로 태어났는 지가 사람의 성격을 결정짓지는 않는다.

- 음주운전은 여전히 심각한 문제이지만, 음주운전으로 인한 사망사건은 최근 40년간 절반으로 줄었다.

- 외향적인 사람과 내향적인 사람 사이에 또 다른 성격유형이 있다. 양쪽의 특성을 모두 가지지만 어느 한 특성이 지배적인 모습을 보이지는 않는 이런 사람들을 '양향적 ambivert'이라고 한다.

- 엘리베이터가 늦게 온다는 불만은 엘리베이터를 기다리는 곳에 거울을 설치하자 사라졌다. 우리에게는 엘리베이터를 기다리는 동안 쳐다볼 대상(바로 우리 자신)이 필요했던 모양이다.

- 미소를 지으면 엔도르핀, 도파민, 세로토닌이 분비되어 기분이 좋아진다.

- 여성은 남성에 비해 꿈을 더 잘 기억한다.

- 여성이 숫자에 약하다고 누가 그러던가? 45세 이하 여성 중 75%가 가계 재정을 담당하고 있다.

인간의 본성

- 기분 탓이 아니다. 비가 오면 잠이 오는 데에는 과학적인 이유가 있다.

- 따돌림을 당하거나 외로움을 타는 사람들은 음모설을 더 잘 믿는 경향이 있다. 우리 페그 이모가 하신 현명한 말씀을 인용해 본다. "이 사람들아, 서로를 챙기자고!" 아웃사이더들에게 친절하게 대하면 그들이 '달은 홀로그램'이라고 믿는 것을 막을 수 있다.

- 많은 사람은 (그리고 동물은) '낙관주의 편향optimism bias'을 띠기 때문에 미래는 현재보다 나을 거라고 믿는다.

- 많은 사람 앞에서 말하는 게 두려운가? 당신만 그런 건 아니다. 우리 중 25%는 대중을 상대로 말하는 것을 극심하게 두려워하는 '발언공포증glossophobia'을 가지고 있다.

- 자수성가로 백만장자가 된 사람은 재산을 물려받아 백만장자가 된 사람보다 행복도가 높다.

• 한 연구 결과에 따르면 가장 행복한 나이는 82세이다.

인간의 본성

퀴즈

그리스 신들이 현대에 살고 있다면 어떤 직업으로 생계를 꾸리고 있을까? 그리스 신의 이름과 그 신에게 어울릴 만한 직업을 짝지어보자.

Q 1 커플 상담사

Q 2 인플루언서

Q 3 해양 생물학자

Q 4 파티 플래너

Q 5 CEO

Q 6 인테리어 디자이너

Q 7 비행사

Q 8 교수

Q 9 비건 쉐프

Q 10 육상 선수

ⓐ 데메테르(대지와 농업의 여신)

ⓑ 니케(승리의 여신)

ⓒ 헤르메스(여행과 상업의 신)

ⓓ 디오니소스(술과 환락의 신)

ⓔ 아프로디테(미의 여신)

ⓕ 헤라(결혼과 가정의 여신)

ⓖ 아테나(지혜의 여신)

ⓗ 제우스(신들의 제왕)

ⓘ 포세이돈(바다의 신)

ⓙ 헤스티아(집과 화덕의 여신)

정답

Ⓐ1 ⓕ   Ⓐ2 ⓔ   Ⓐ3 ⓘ   Ⓐ4 ⓓ   Ⓐ5 ⓗ   Ⓐ6 ⓙ   Ⓐ7 ⓒ
Ⓐ8 ⓖ   Ⓐ9 ⓐ   Ⓐ10 ⓑ

사랑과 결혼

사랑은 끔찍하다! 물론 농담이다. 사랑은 모든 것을 압도한다. 남편이 내게 프러포즈했을 때 나는 여러 감정에 압도당해서 우는 것도, 프라이드 치즈커드를 먹는 것도 멈출 수가 없었다. 대답도 하지 않은 채 나는 계속 먹으면서 울었다. 결국 남편은 청혼을 받아줄 건지 물었고, 나는 우는 얼굴로 고개를 끄덕이며 치즈커드를 더 시켰다. 만약 내가 로맨스 소설작가였다면 망했을 게 분명하다.

심리치료사인 낸시 콜리어는 세상에서 가장 귀엽고 소중하며 눈물을 쏟게 하는 (그리고 치즈와는 딱히 관련 없는) 일본에서 온 사랑 이야기를 들려주었다.

"하치코라는 아키타 종의 개는 매일 같은 시각에 기차역으로 주인을 마중 나갔어요. 그러던 어느 날 주인이 세상을 떠났는데, 하치코는 어김없이 기차역으로 나가서 주인이 오기를 기다렸죠. 주인은 끝내 돌아오지 않았지만 하치코는 세상을 떠나는 날까지 9년간 매일 같은 시각 같은 장소에서 주인을 기다렸대요."

다음 글을 계속 읽으려면 아무래도 휴지를 옆에 두는 것이 좋을 듯하다.

- 베프와 결혼하는 사람은 이혼할 확률이 낮다.

- 애인과 손을 잡으면 두 사람의 심장박동과 호흡이 맞춰진다.

- 코미디언 잭 베니는 유언장에 자기가 죽으면 아내 앞으로 매일 장미 한 송이를 배달해달라는 내용을 넣었다.

- 애인과 찍은 사진이나 애인과 관련된 소소한 이야기들을 SNS에 올리는 커플은 그렇게 하지 않는 커플보다 행복도가 높다. 아울러 그 SNS를 본 팔로워들은 해당 커플에게 더 호감을 느낀다. 단, 너무 자주 올리면 팔로워들이 짜증을 낼 수 있다.

- 우리는 반대 성향의 사람에게 끌린다기보다, 내가 갖지 못한 이상적인 특성을 가진 사람에게 끌리는 경향이 있다.

- 2001년 미국의 한 커플은 작은 잠수정을 타고 침몰한 타이타닉호의 뱃머리로 내려가 결혼식을 올렸다.

- 애인에게 차였다고? 불행하다는 생각이 들겠지만 만약 당신이 체중을 감량할 계획이 있었다면 좋은 소식이 있다. 한 시간 동안 울면 78cal가 소모된다고 한다.

- 미국의 이혼율은 10년 넘게 감소 추세를 보이고 있다.

- 고대 그리스에서는 남자가 여자에게 사과를 하나 던지는 것으로 프러포즈를 했다. 여자가 사과를 받으면 이는 청혼을 받아들인다는 것을 의미했다.

- 문화에 관련한 모든 기록에는 동성애에 관한 흔적이 있다.

- 결혼을 했다고 싱글로 지내거나 만남과 헤어짐을 반복하며 지내는 사람보다 더 행복한 것은 아니다.

- 밸런타인데이가 상처만 남긴다고 생각한다면, 과거에는 이런 일도 있었다는 것을 참고하기 바란다. 19세기 중반 미국과 영국에서는 '쓰라린 밸런타인' 카드를 보내는 게 유행이었다. 잔인한 내용의 시를 익명으로 카드에 적어 보내는 것이었는데, 이 유행은 진심 어린 사랑의 편지를 보내는 것만큼 인기가 있었다. 게다가 그 카드를 받는 사람은 우편비용까지 부담해야 했으니, 이 정도면 마트에서 파는 싸구려 꽃무늬 카드가 그다지 나빠 보이지는 않는다. 안 그런가?

- 예비 아빠 중에는 임신한 아내와 함께 호르몬 변화를 겪는 경우가 종종 있다. 이 변화는 빠르면 임신 20주부터 시작된다.

- 아침에 아내에게 키스하는 남성은 그렇지 않은 남성에 비해 5년을 더 산다고 한다.

- 미국 부부 중 25% 정도는 침대를 따로 쓴다.

- '옆구리가 시린 계절cuffing season'은 정말로 있다! 애인이

없는 사람들은 늦가을부터 추워질 날씨를 함께 보낼 사람을 찾는 경향이 커지는데, 이것은 날씨가 추워질수록 타인과의 접촉을 더 원한다는 사실을 보여준다.

- 연애를 막 시작한 사람들은 스트레스를 유발하는 호르몬인 코르티솔의 수치가 높아진다. 동시에 마치 마약을 한 느낌을 들게 하는 도파민 수치도 함께 치솟는다. 연애 초기에 도무지 종잡을 수 없는 마음이 드는 것은 이 두 호르몬 때문이다. 하나는 사랑이 싹튼 것을 위기라고 말하고, 다른 하나는 이 감정을 놓치지 말라고 하니 말이다.

- 섹스는 두통과 편두통을 줄여준다.

- 나의 연애 상대는 내가 스스로에 대해 느끼는 것보다 나를 더 매력적으로 여긴다.

- 미국 후각및미각치료연구재단Smell and Taste Treatment and Research Foundation에서 실시한 조사에 따르면 여성이 가장 자극적이라고 느끼는 향은 오이향이 섞인 굿앤플랜티 Good&Plenty 사탕 냄새이며, 남성이 가장 자극적이라고 느

끼는 향은 호박파이와 라벤더 향이다.

• 엘리자베스 여왕 시대의 영국과 19세기 오스트리아의 외
  곽지역에서는 미혼 여성이 파티에서 춤을 추기 전에 사
  과 한 조각을 겨드랑이에 끼워두는 풍습이 있었다. 그리
  고 땀을 흡수한 사과 조각을 마음에 드
  는 남성에게 건넸다. 사과를 받은
  남성은 여성이 마음에 들면 땀이
  밴 사과의 냄새를 맡거나 사과를
  먹기까지 했다.

생활 속 지혜

생활의 지혜 중에는 우리가 흔히 알고 있는 각종 꿀팁이 많지만, 아무도 이게 과학적으로 입증된 것이라고 말하지 않기 때문에 곧잘 잊히곤 한다. 삶의 효율성을 높여줄 이 꿀팁들에 과학적 연구 결과가 뒷받침된다면 이 정보는 좀 더 머릿속에 오래 남아서 활용될 것이다. 이번 장에 실린 내용이 독자 여러분에게 실용적이면서도 소중한 정보가 되길 바란다.

나오미 아빗은 사람들이 스스로에게서 보다 큰 의미를 찾도록 도와주는 행동과학자이자 생활의 지혜 전문가이다. 그녀는 요즘 트렌드인 '웰니스wellness'를 추구하지 못하는 내가 죄책감에 시달리지 않도록 다음과 같은 말을 해주었다.

"살을 빼려고 식이요법을 하는 건 별로 소용이 없고, 오히려 해가 될 가능성이 커요. 식이요법으로 살을 빼는 사람 중 많게는 3분의 2 정도가 감량한 무게보다 체중이 더 많이 늘거든요.

몸무게가 줄어들면서 신진대사량도 함께 줄기 때문에, 줄어든 몸무게를 유지하려면 그만큼 적게 먹어야 합니다. 살을 빼는 데 성공해서 몸무게가 57kg이 된 사람은 원래 57kg인 사람보다 신진대사량이 훨씬 낮을 거예요. 그러니 원래 57kg였던 사람보다 훨씬 적게 먹어야 몸무게가 유지되는 거죠"

그런데 문득 졸업파티 때 입었던 드레스가 다시 입고 싶어진다면? 건강하게 살을 뺄 방법이 없을까? 당연히 있다!

"체중을 줄이는 데 가장 좋은 전략은 식단에 날마다 과일과 채소 10회분을 더하고, 가공하지 않은 신선한 음식을 먹고, 탄수화물과 설탕 섭취량을 유지 가능할 정도로 조금씩 줄이는 거예요. 꾸준히 지속할 수 있을 정도로만 식단을 바꾸는 것이죠. 또 다른 전략은, 만약 컨디션이 나쁠 정도로 배고픈 상태를 1이라고 하고 매우 배부른 상태를 10이라고 할 때 항상 4에서 6 정도로 유지하는 거예요. 그러니까 너무 배고프게도, 너무 배부르게도 있지 말라는 거죠."

이 정도면 꽤나 상식적이고 접근하기 쉬워 보이는 방법 아닌가?

- 예술 작품을 감상하는 데 시간을 투자하는 사람들, 즉 시간을 내서 박물관에 가거나 오페라, 콘서트 등의 공연을 관람하는 사람들은 수명이 긴 편이다.

- 잠자리에 들기 전에 다음 날 할 일 목록을 적어보면 9분 정도 더 빨리 잠들 수 있다.

- 상대방과 눈을 맞추면 상대가 거짓말을 할 가능성이 줄어든다.

- 머리카락에 껌이 붙었다고? 땅콩버터로 문지르면 껌을 쉽게 떼어낼 수 있다.

- 바쁜 사람이 더 행복하다.

- 구겨진 옷을 얼음조각과 함께 건조기에 넣고 돌리면 얼음이 녹아 수증기가 되면서 구김이 줄어든다.

- 재활용품을 물에 씻어서 배출하는 것은 좋지만 완벽히 깨끗한 상태로 배출할 필요는 없다. 재활용품 처리시설

에서는 약간 더러운 플라스틱과 캔을 처리할 수 있기 때문이다. 다행이지 않은가? 하지만 그렇다고 반쯤 차 있는 통을 재활용품 수거함에 넣지는 말자. 내용물이 썩기도 하고, 쥐가 모일 수도 있고, 어쨌든 더러우니 말이다.

• 커피를 그냥 두면 쓴맛이 강해지는데, 이때 커피를 데우려고 전자레인지에 돌리면 맛이 더욱 써진다. 커피를 데우는 가장 좋은 방법은 가열기구로 온도를 천천히 높이는 것이다. 그렇게 해도 화학분해는 발생하지만 전자레인지로 데우는 것보다는 적게 일어난다.

• 이미 쓴맛으로 변해버린 커피를 천천히 데울 시간이 없다면 소금을 약간 넣어보는 방법도 있다. 커피에서 느껴지는 짭짤한 맛을 견디지 못하는 사람도 있고 차이를 느끼지 못하는 사람도 있지만, 쓴맛은 확실히 줄어든다.

• 자신보다 낫다고 생각되는 사람에게 자신의 목표를 공유하면 그 목표를 달성할 가능성이 높아진다.

생활 속 지혜

- 노르웨이에서 실시한 실험 결과에 따르면 풍력발전기 날개를 검은색으로 칠했더니 날개에 부딪혀 죽는 새의 수가 70%나 감소했다.

- 어느 식당에서는 메뉴판에 달러($) 표시를 없앴더니 손님들이 돈을 더 많이 쓰고 가는 것이 확인되었다. 달러 표시는 내가 지금 힘들게 일해서 번 돈을 쓰고 있다는 사실을 상기시킨다.

- 어떤 목표를 향해 나아갈 때 중간에 '치팅 데이cheating day', 즉 쉬는 날을 넣으면 더욱 효과적이다. 연구에 따르면 치팅 데이를 갖는 사람들은 그렇지 않은 사람에 비해 목표 달성을 위한 자제력을 더 잘 발휘한다고 한다.

- 오장육부의 위치를 감안하면 오른쪽보다 왼쪽으로 누워서 자는 게 더 좋다. 왼쪽으로 누우면 소화가 더 잘 되고 속쓰림과 코골이까지 줄일 수 있다.

- 모든 일에 플랜B, 즉 차선책을 마련해 놓으면 첫 번째 계획이 실패로 돌아갈 가능성이 커진다.

- 남의 이야기를 잘 들어주는 사람이 되고 싶은가? 여기 좋은 방법이 있다. 상대의 말을 들으며 "네", "음", "그래요" 같은 짧은 표현으로 맞장구를 치면서 반응하는 것이다. 작은 반응만으로도 상대는 말을 계속해도 된다는 느낌을 받으며 자신감을 얻는다.

- 겨울철 방 안에 가습기를 두면 정전기가 덜 일어난다.

- 몸에 문신을 많이 할수록 면역력이 더 강해진다.

- 자신의 업무나 개인적인 일을 보다 큰 차원의 일이라고 생각하면, 그 일을 더 잘 해낼 수 있다. 예를 들어 자신이 사람들의 건강을 지키는 데 중대한 역할을 한다고 생각하는 병원관리자는 그렇게 생각하지 않는 병원관리자보다 맡은 일을 더 잘 해낸다.

- 일상 속 루틴에 변화를 주면 행복을 느끼기가 훨씬 쉽다. 단, 요즘 루틴이 이 책을 읽는 것이라면 굳이 변화를 주지 말고 이어나가길 바란다.

생활 속 지혜

- 몸 위에 앉은 모기를 손으로 때려서 잡으려고 했는데 놓쳤다면, 그 모기는 이제 그 사람 몸에서 나는 냄새를 위험 신호로 파악하고 접근하지 않는다고 한다. 어디선가 들어온 모기 한 마리 때문에 괴로웠던 사람들에게 좋은 소식이다. 단, 딱 그 모기 한 마리에게만 통한다.

- 제품 겉면의 스티커를 떼면 끈끈한 접착제가 남아있는데, 여기에 식용유를 발라서 문지르면 접착제가 사라진다.

- 하이킹이나 테니스, 달리기 같은 격렬한 운동은 뼈를 더 튼튼하게 만든다.

- 음식을 먹으면서 일을 하거나 영화를 보는 등 다른 활동을 하면 배가 부르다는 것을 알아차리기가 어렵다. 눈앞에 있는 음식에 집중해야 몸이 보내는 신호를 더 잘 알아차릴 수 있다.

- 프랑스에서 실시한 실험에 따르면 화창한 날에 데이트 신청을 하면 성공률이 높다고 한다. 실험은 매력적인 남성 피험자들이 모르는 사람에게 다가가 데이트 신청을

하는 방식으로 진행되었는데, 화창한 날에는 22.4%의 성공률을 보였으나 흐린 날에는 성공률이 13.9%로 낮게 나타났다.

• 친환경제품을 구입하거나 재활용품을 제대로 분리수거하는 것도 좋지만, 사실은 소비 자체를 줄이는 것이 환경적으로나 심리적으로 유익하다.

• 과음으로 인해 생긴 숙취는 해장술로 풀어야한다는 속설이 있다. 영미 문화권에서는 해장술을 '당신을 문 개의 털 hair of the dog that bit you'이라고 하는데, 이 말은 기원전 400년 전부터 사용되었다. 광견병에 걸린 개에 물렸을 때 그 개의 털을 치료제로 쓰면 낫는다는 미신처럼, 숙취를 풀려면 숙취를 일으킨 술을 마셔야 한다는 의미다. 고대 그리스의 희극시인 안티파네스가 쓴 작품에 다음과 같이 언급된다. "분명하게 쓰여 있다, 털을 뽑으라고. 뽑으라고, 나를 문 개의 털을. 포도주 한 잔을 들이켜 해결하라, 숙취를 술로." 이유는 모르겠지만 해장술은 실제로 효과가 있다.

생활 속 지혜

- 술 얘기가 나와서 덧붙이자면, '양주 전에 맥주를 마시면 숙취에 시달리고, 맥주 전에 양주를 마시면 상쾌하다'라는 속설이 있다. 하지만 딱히 맞는 말은 아닌 것 같다. 술을 한 종류만 마시든, 여러 종류를 어느 순서로 마시든 숙취가 생기는 건 똑같다. 그러니 그냥 원하는 순서대로 들이부어도 된다. 진짜 효과가 있는 숙취 예방법은 물 마시기, 술 마시는 속도 조절하기, 그리고 당연하게도 자제하기이다.

- 자연 속에 있으면 더 행복해지고 스트레스는 감소한다. 만약 밖으로 나가 자연을 즐길 시간이 충분치 않다면 자연 다큐멘터리를 보는 것도 비슷한 효과를 낸다.

- 나무제품 표면에 생긴 물 얼룩은 마요네즈로 문질러 지울 수 있다. 몇 분 동안 문질렀는데도 지워지지 않으면 마요네즈를 묻혀놓고 두어 시간 정도 있다가 문지르면 된다.

- 바다가 보이는 집에 사는 사람은 그렇지 않은 사람보다 더 차분하고 더 창의적이라고 한다.

- 누군가와 나누는 전화통화는 이메일이나 문자를 주고받는 것보다 더 끈끈한 유대감을 만들어낼 수 있다. 화상통화나 줌 회의도 마찬가지다. 중요한 것은 목소리로 소통하는 것이다.

- 웃고 난 직후에는 통증에 대한 참을성이 높아진다.

- 포옹은 스트레스를 줄여주고 면역력을 키워주며 혈압을 낮춰준다.

- 메뉴판을 볼 때 사람들은 둥근 글씨체를 단맛과 연관 짓고 각진 글씨체를 짭짤한 맛과 연관 짓는 경향이 있다.

- 화장실에 '변깃물 기둥' 그러니까, (이렇게 직설적으로 표현해서 정말 미안하지만) 분변입자가 사방에 날아다니는 것을 막고 싶다면 물을 내리기 전에 변기뚜껑을 닫길 바란다. 소변만 봤다고 해도 뚜껑을 닫아라. 예전부터 있던 세균도 물을 내릴 때마다 위로 솟구칠 수 있다. 만약 지금까지 변기뚜껑을 닫지 않고 생활했다면, 칫솔을 바꾸는 것이 좋다.

생활 속 지혜

- 노트 필기를 손으로 하는 학생은 타자로 입력하는 학생보다 수업 내용을 더 충실하게 이해한다.

- 사랑하는 사람의 사진을 보면 고통이 줄어든다.

- 긍정적인 피드백만 주는 것보다 토론과 건설적인 비평을 함께 할 때 더 나은 브레인스토밍이 이루어진다.

- 할로윈의 상징 잭오랜턴jack-o'-lantern이 상하지 않고 좀 더 오래 가길 원한다면 꼭지가 초록색인 호박을 고르자. 꼭지가 초록색일수록 호박이 신선하다는 것을 의미하기 때문이다. 그리고 호박을 옮길 땐 꼭지를 잡고 들어 올리기보다는 호박 전체를 안고 옮기는 게 좋다. 꼭지에는 호박에 공급될 영양분이 있기 때문에 될 수 있으면 오랜 시간 그대로 두는 게 좋다. 조각할 때는 꼭지 부분은 그대로 두고 반대쪽으로 내용물을 파내는 게 좋다. 꼭지를 유지한 채 장식하면 할로윈 기간 내내 호박이 상하지 않을 것이다.

- 매일 최소 2,000보를 걸으면 수면의 질을 개선할 수 있다.

아울러 매일 같은 시각에 일어나면 잠들기도 쉬워진다.

• 사람들은 단순한 글씨체로 적힌 라벨보다 읽기 힘든 글
씨체로 적힌 라벨이 붙은 와인을 더 좋게 평가하는 경향
이 있다.

• 목표를 향해 가는 과정에서 생길 수 있는 장애물을 예상
하여 종이에 기록해보면, 실제로 장애물을 맞닥뜨렸을 때
쉽게 좌절하지 않을 수 있다.

• 여름철 차에 탈 때 외기순환 버튼을 눌러 바깥 공기가 유
입되도록 한 다음 에어컨을 켜면, 자동차 내부에 갇혀 있
던 뜨거운 공기를 에어컨만으로 식히는 것보다 더 빠르
게 시원해진다. 공기가 시원해지면 다시 내기순환 모드로
바꿔야 한다. 겨울에도 외기순환 모드를 켜고 히터를 트
는 게 좋은데, 그 이유는 차 내부의 온도가 올라가면 창문
에 김이 서리기 때문이다.

• 자동차에 관한 정보 하나 더. 겨울에 차 내부온도를 올리
려고 시동을 켠 채 기다리지 말자. 1990년대 이후 생산된

차는 달리기 시작하면 더 빨리 따뜻해진다.

- 상대의 손이 주머니 안에 있거나 다른 이유로 잘 보이지 않으면 상대를 비교적 덜 신뢰하게 된다.

- 업무 도중에 잠깐 컴퓨터 게임을 하거나 온라인 쇼핑을 하면 생산성이 전반적으로 상승한다. 이 부분을 사진 찍어서 상사에게 보내도 좋다.

- 대변을 본 후 가장 깨끗하고 효과적으로 닦는 방법은 휴지를 사각형으로 접어서 닦을 수 있는 범위를 최대한으로 잡은 다음, 피부와 직접 닿는 부분을 구겨서 감촉을 부드럽게 만드는 것이다.

- 전날 밤에 잠을 충분히 잔 상태라면, 단순히 눈을 감고 쉬거나 '조용히 깨어있는 것'만으로도 낮잠을 자는 것만큼 기분이 상쾌해지고 스트레스가 감소하는 효과를 볼 수 있다.

- 감사일기를 꾸준히 쓰면 수면의 질과 인간관계가 개선

된다. 아울러 물질만능주의적인 사고와 스트레스도 줄어든다.

• 운동 중 혹은 운동 후에 피클 절인 물을 마시면 그냥 물을 마실 때보다 근육통이 37% 빠르게, 아무것도 하지 않았을 때보다는 45% 빠르게 해소된다.

• 모래늪에 빠졌을 때는 등을 바닥에 대고 다리를 천천히 들어올리면 깊이 빠지지 않을 수 있다.

• 청바지를 얼리면 세균을 죽일 수 있다는 속설은 사실 뻥이다. 냉동실에 넣는다고 박테리아나 악취가 사라지는 것은 아니다. 빨래를 하면 된다.

• 사랑하는 사람이 입었던 옷을 침대에 두면 수면의 질을 개선할 수 있다.

• 단어를 알아맞히는 게임인 (과거에는 행맨hangman이라고 불렸던) 스페이스맨spaceman에서 문제로 낼 수 있는 가장 어려운 단어는 아마도 'jazz(재즈)'일 것이다. 그밖에

생활 속 지혜

도 잘 쓰이지 않는 철자가 있는 것들, 특히 그런 글자가 두 번 들어가는 단어인 'fizz(쉬익)', 'buzz(위잉)', 'jinx(징크스)', 'puff(뻐끔뻐끔)', 'fuzzy(보송보송)', 'vex(성가시게 하다)' 등이 있다.

· 큰 목표를 달성하고 나면 기분이 울적해질 수 있다. 이 감정을 다루는 방법 중 하나는, 추가 목표를 세우거나 기대할 만한 작은 일을 계획하는 것이다.

· 친한 친구가 여러 명인 사람은 수명이 긴 경향이 있다.

· 일할 때 가장 효율적인 방법은 90분 일하고 20분 쉬는 것이다. 이는 인간의 생체활동을 비롯한 모든 활동주기를 의미하는 '울트라디언리듬ultradian rhythm'과 일치한다.

· 가장 맞추기 쉬운 비밀번호는 'iloveyou', 'test1', '12345', 그리고 키보드 가장 윗줄에 있는 알파벳을 왼쪽에서 오른쪽 방향으로 입력하는 'qwertyuiop'이다.

· 명조체 스타일의 글꼴 세리프Serif체는 무의식적으로 보

수적인 느낌을 주고, 고딕체 스타일의 산세리프Sans-serif 체는 진보적인 느낌을 준다. 진보성향 신문인「뉴욕타임스」지 표제에 쓰이는 세리프체는 예외지만 말이다. 정치성향이 어느 쪽이든, 중립적 느낌을 주는 헬베티카Helvetica체의 시대가 끝났다는 데는 모두가 동의하지 않을까?

• 트라우마를 준 사건에 대해 글을 써보면 불안을 줄일 수 있다.

• 이어폰 줄을 둥글게 감는 것보다 8자 형태로 감아두면 줄이 덜 엉킨다.

• 비닐봉지를 유료로 판매하는 제도는 사람들로 하여금 자신이 '기본(즉, 장바구니 가져오기)'을 지키지 않았다고 느끼게 만든다. 그래서 돈을 내고 비닐봉지를 구매하게 하는 것은 장바구니를 가져왔을 때 할인해주는 것보다 더 효과적이다. 시대적 변화에 따르지 않은 대가로서 불편한 감정을 느끼게 하니까 말이다.

- 낮잠은 심장 건강에 좋다.

- 업데이트된 소식이나 메시지, 이메일 등을 알람이 울릴 때마다 확인하는 것보다는 한꺼번에 몰아서 확인하는 것이 더 효율적이다. 푸시알림을 꺼놓으면 일과를 더 매끄럽게 끝낼 수 있다.

- 다른 사람을 용서하면 스트레스가 줄어든다.

- 잡동사니를 정리할 때 더이상 필요하지 않은 물건을 사진으로 찍어두면 버리기가 한결 쉬워진다.

- 노래를 부르면 불안함을 줄일 수 있다.

- 매일 10분에서 20분간 햇볕을 쬐면 기분이 안정될 만큼의 충분한 비타민D를 얻을 수 있다.

- 연구에 따르면 긍정적인 목표(예를 들면 건강한 식단 짜기 같은)를 세우는 것이 부정적인 목표(예를 들면 피자 덜 먹기 같은)를 세우는 것보다 더 효과적이다.

- 사람들은 결과가 좋지 않았던 것보다 시도조차 하지 않았던 것에 대해 더 많이 후회한다.

생활 속 지혜

지역과 문화

　대학 시절에 만난 남자친구는 여행은 돈 낭비라고 말하곤 했다. 책으로 읽을 수 있는데 뭐 하러 힘들게 먼 곳을 돌아다니냐는 말이었다. 그는 책이 우리를 어디든 데려다줄 거라고 했다. 나는 이 말이 굉장히 현명하다고 생각했다. 진짜 여행을 해보기 전까지는 말이다.

　새로운 환경에서 휴가를 보내거나 공부를 하거나 일을 하면 나 자신과 나만의 작은 우주를 새로운 시각으로 바라볼 기회가 생긴다는 것을 알게 됐다. 이러한 경험은 전례 없는 방식으로 나를 일깨워주었다. 게다가 새로운 곳에도 책은 가져갈 수 있다. 두 세계를 동시에 즐길 수 있다는 말이다. 알겠니, 브라이언?

　어쨌거나 CNN의 여행 에디터인 릴리트 마커스 만큼 전 세계에 관한 흥미롭고, 웃기며, 거칠고, 이상하고, 사랑스러운 사실을 소개해주는 전문가도 없다고 생각한다. 현재 홍콩에 거주 중인 그녀는 이런 이야기를 내게 들려줬다.

"라이트 형제는 1903년 노스캐롤라이나 키티호크에서 최초로 동력비행에 성공한 것으로 유명하죠. 그런데 형제의 고향은 오하이오 데이턴이에요. 형제가 자전거 가게를 운영했던 곳이죠. 그러다 보니 두 지역의 항공팬 사이에서 작지만 열띤 불화가 있어요. 오하이오의 자동차 번호판에는 '비행기의 고향birthplace of aviation'이라는 문구가 새겨져 있는 한편, 노스캐롤라이나의 번호판에는 '첫 번째 비행first in flight'이라고 쓰여 있어요. 하지만 정작 그때 사용했던 비행기는 워싱턴D.C.에 있는 스미스소니언 국립항공우주박물관에 전시되어 있답니다."

"세계적인 여행가이드북 「론리플래닛」 시리즈가 없던 1486년에는 「성지순례Peregrinatio in Terram Sanctam」라는 라틴어 제

나무에게 보내는 러브레터

호주 멜버른에서는 나무 약 7만 그루마다 이메일 주소를 각각 부여해서, 나무에 문제가 생긴 걸 발견한 사람들이 해당 이메일 주소로 제보할 수 있도록 했다. 하지만 사람들은 이메일로 문제를 알리기보다는 나무에게 러브레터를 보내왔다.

지역과 문화

목의 책이 세계 최초의 여행가이드북 역할을 했어요. 베른하르트 폰 브라이덴바흐라는 독일 정치가와 에르하르트 뢰비흐라는 화가가 예루살렘에 성지순례를 다녀와서 만든 책이에요. 최초의 예루살렘 지도 삽화가 실린 책이기도 하죠. 확실하진 않지만 이 책이 사람들에게 나만 여행 안 가는 거 아니냐는 불안감으로 포모FOMO 증후군을 심어준 시작점이 아닌가 싶기도 해요."

물론 나는 개인적으로 포모증후군은 어떤 네안데르탈인이 처음으로 동굴집들이를 열었는데 돌깎기 수업 동료들이 다 모이지 않았을 때 이미 시작되었다고 생각한다. 포모증후군은 인류의 역사와 함께 해왔다고 말이다.

- 매년 8월에는 인구가 9,000명인 스페인 마을 부뇰에 2만 명의 관광객이 모여서 세계 최대의 음식 전투인 '라 토마티나La Tomatina'를 열고 토마토를 던져댄다. 기름칠한 장대에 오르는 시합도 열리는데 일등에게 주는 상은 햄이다.

- 뉴욕에 있는 센트럴파크는 도시국가인 모나코보다 면적

이 넓다.

- 2020년 남극에서 펭귄을 연구하던 과학자들이 아산화질소, 즉 웃음가스에 취하는 사고가 있었다. 알고 보니 발효된 펭귄 대변에 아산화질소 화합물이 다량 포함되어있었다.

- 앨라배마는 술을 공식음료로 인정한 유일한 주州다. 그 술은 앨라배마의 한 카운티 이름을 딴 코니커 리지 위스키Conecuh Ridge Whiskey이다.

- 일본에는 스모선수 때문에 아기가 울음을 터뜨리면 행운이 찾아올 거라는 미신이 있다.

- 만세! 미항공우주국에서 실시한 최근 연구에 따르면 지구의 푸른 면적이 20년 전보다 5% 더 늘었다고 한다. 이는 대부분 중국과 인도가 숲을 보존하고 확장하는 친환경 프로그램을 실시하면서 생긴 변화이다.

- 화산이 분출할 때 번개가 발생하기도 한다.

지역과 문화

- 전문가들은 타이타닉호의 잔해가 앞으로 30년 안에 완전히 분해될 것으로 예상한다.

- 나이지리아 이보오라라는 마을은 쌍둥이 출생률이 세계 어떤 곳과 비교해도 네 배 이상 높다. 이유는 아무도 모른다.

- 하와이에는 세계 어느 곳에서도 볼 수 없는 식물이 1,200종이나 살고 있다. 그중 하나는 할레아칼라은검초인데 최대 90년까지 살 수 있으며 600송이의 꽃을 피운다고 한다.

- 지도상 미국의 정중앙은 사우스다코타 뷰트카운티다.

- 런던에는 어른만 갈 수 있는 볼풀장이 있다.

- '24 아워 오브 레몬스24 Hours of Lemons'라는 이름의 자동차 레이싱 대회가 있다. 이 대회에는 고물 자동차만 참가할 수 있는데 자동차의 시가가 500달러를 넘으면 반칙처리가 된다.

- 매우 신나는 정보다. 매년 봄 영국 글로스터셔의 쿠퍼스 힐에서는 치즈 굴리기 대회가 열린다. 수십 명의 대회 참가자는 가파른 언덕 아래로 굴러 내려가는 치즈 덩어리를 따라 약 200m를 달리는데, 이때 치즈가 구르는 속도가 시속 110km까지 올라가기도 한다. 뛰거나 구르거나 미끄러져서 결승선에 처음으로 도착하는 우승자에게는 바퀴 모양 치즈를 상품으로 준다.

- 1949년 중국 여성의 75%는 글을 읽지 못했지만 현재는 5% 정도다.

- 뉴질랜드에서는 출생신고를 할 때 아이의 이름이 거부감을 주거나 놀림거리가 될 것 같으면 공무원이 부모에게 이름을 다시 지으라고 할 권한이 있다. 등록이 거부된 이름 중에는 미국 도시를 응원하는 듯한 '예 디트로이트yeah Detroit', 영국 음식인 '피시 앤 칩스fish and chips', 성적으로 매력적인 사람을 속되게 이르는 '스탈리온stallion', 오세아니아 동쪽 폴리네시아 음식인 '트위스티 포이twisty poi' 등이 있다. 하지만 16번 버스정류장을 뜻하는 '넘버 식스틴 버스 셸터number 16 bus shelter'는 무슨 영문인지 통과가 되

지역과 문화

었고, 실제로 뉴질랜드에는 이 이름을 가진 사람이 있다.

- 베를린에 있는 나무에는 대부분 숫자가 매겨져 있다. 이에 따르면 38만 6,000그루가 넘는 나무가 베를린에서 자라고 있다.

- 한때 불모지였던 인도의 마줄리섬에 매일 나무를 한 그루씩 35년간 꾸준히 심은 사람이 있었다. 그 결과 마줄리섬은 뉴욕 센트럴파크의 두 배가 넘는 약 $5.5km^2$ 면적의 무성한 숲으로 바뀌었다.

- 2019년 네덜란드는 버스정류장 316곳에 '초록지붕', 즉 풀과 꽃으로 덮인 지붕을 설치해서 호박벌과 꿀벌이 찾아올 수 있게 했다.

호수인가, 바다인가

가장 깊은 곳의 수심이 1,642m나 되는 시베리아의 바이칼 호수에는 지구에 존재하는 담수의 5분의 1이 담겨 있다. 호수가 워낙 깊다 보니 담수호인데도 바다 깊은 곳에 사는 심해어들이 산다. 이 커다란 호수 안에는 22개의 섬이 있다.

- 미네소타는 1만 개의 호수가 있는 곳으로 유명하다. 정확히는 1만1,482개의 호수가 있다.

- 미국에서 가장 흔한 도로명은 '2번가second street'이고, 두 번째로 흔한 도로명은 '3번가third Street'이다. '1번가first Street'는 가장 흔한 도로명 3위를 차지했다. 그 이유는 일부 지역에서 '1번가' 대신 '메인스트리트main street'라는 명칭을 쓰기 때문이다.

- 스웨덴에서는 헌혈을 하면 그 혈액으로 한 생명을 살릴 때마다 헌혈자에게 문자메시지를 보내준다.

- 세계에서 가장 긴 동굴은 미국 켄터키주에 있는 매머드 동굴mammoth cave이다. 이 동굴에서 탐사가 이뤄진 부분은 644km가 넘지만, 과학자들은 아직 확인하지 못한 부분이 965km 정도 될 거라고 예측한다.

- 홍콩의 기대수명은 85.29세로 세계에서 가장 높다.

- 터키 중부지역에는 작은 디즈니 성으로 빼곡하게 채워진

부르즈 알 바바스라는 주택단지가 있다. 하지만 이곳은
아무도 살지 않는 유령 마을이 되었다.

• 라발봇larvalbot이라는 이름의 잠수로봇은 2018년부터 호
  주 그레이트배리어리프에 산호초 모종을 옮겨심어서 되
  살리는 일을 하고 있다.

• 스페인 카탈루냐에서는 크리스마스 시즌이 되면 아이들
  이 잠자리에 들기 전에 티오 데 나달Tió de Nadal에게 간식
  을 가져다주는 전통이 있다. 티오 데 나달은 웃는 얼굴에
  빨간 모자를 쓴 통나무 장식으로, 아이들이 주는 간식을
  먹고 크리스마스 날 '응가'를 싸듯이 크리스마스 선물을
  배출한다고 한다. 이 통나
  무를 카가 티오Caga Tió
  라고도 부르는데 '응
  가 싼 통나무'라는 뜻
  이다.

• 홍관조cardinal는 미국의 주조state bird로 인기가 높다. 일리
  노이, 인디애나, 오하이오, 노스캐롤라이나, 켄터키, 버지

니아, 웨스트버지니아 모두 홍관조를 주조로 삼고 있다.

- 2억5,000만 명에 달하는 브라질 인구는 대부분 포르투갈어를 쓴다. 이는 포르투갈 인구 1,000만 명보다 훨씬 많은 숫자다.

- 세계에서 나이가 가장 많은 나무는 스웨덴에 있는 올드 티코라는 이름의 가문비 나무로 약 9,550살이라고 한다.

- 부활절과 사순절을 앞둔 참회 화요일fat tuesday이 가까워지면 이탈리아 이브레아의 시민들은 서로 20만kg이 넘는 오렌지를 던지는 행사를 연다. 이는 12세기 폭군에 대항했던 폭동을 재현한 것이다. 이 오렌지 전투는 이탈리아에서 해마다 열리는 가장 큰 음식 전투 축제다.

- 2020년 기준 중국 상하이의 인구는 약 2,487만 명으로 호주 전체 인구와 비슷하다. 참고로 호주의 총인구는 2,570만 명이다.

- 세계에서 가장 긴 집라인zipline은 길이가 2.8km이며 시속

지역과 문화

150km로 이동할 수 있다. 이 집라인은 아랍에미리트 자벨자이스산 꼭대기에서 시작한다.

- 1781년 스페인 사람들이 로스앤젤레스로 이주했을 때 그들은 이곳을 '포르시운쿨라강에서 온 천사들의 여왕인 성모 마리아의 마을El Pueblo de Nuestra Señora la Reina de los Ángeles de Porciúncula'이라고 불렀다. 지금은 간단하게 L.A.라고 부른다.

- 일본에는 '고양이섬'이 열한 군데 있다. 이 섬에는 사람보다 고양이가 훨씬 많고 개는 들어갈 수 없다.

- 자유의 여신상은 번개에 잘 맞는 편인데, 매년 600회 정도 번개를 맞는다고 한다.

- 덴마크에서는 25세까지 결혼을 하지 않은 사람에게 가족과 친구들이 계피가루를 뿌린다. 30세에도 미혼이면 후추가루로 업그레이드된다. 수백 년 전부터 내려온 이 '매운맛' 전통은 장거리 이동이 잦아 결혼 시기를 놓쳐 미혼으로 지내는 향신료 상인들이 많았다는 데서 유래했다고

한다. 현재는 그냥 생일을 기념하는 장난이 되었다.

• 뉴욕의 별칭이 '빅애플the Big Apple'인 이유에는 여러 가지 속설이 있는데, 그중에는 19세기에 유행했던 경마 때문이라고 보는 의견도 있다. 당시 경마에 거는 고액의 베팅금을 '빅애플'이라고 불렀다. 경마의 인기가 대단했던 그때, 뉴욕은 경마의 중심지였고 '빅애플'은 뉴욕의 별칭이 되었다는 것이다.

• 2019년 미시간주에 있는 헬hell이라는 마을에 강력한 극소용돌이polar vortex가 발생했다. 그 때문에 기온이 급격하게 떨어졌고 마을 전체가 얼어붙으면서, 말 그대로 헬(지옥)이 되어 버렸다.

• 1959년 어느 노르웨이 기업은 새로 개발한 유리섬유의 보온기능을 보여주고자 북극에 있던 3톤 규모의 얼음덩어리를 아프리카 적도까지 운반했다. 4주 후 적도에 도착했을 때 얼음덩어리는 단 11%만 녹아 있었다. 남은 얼음의 일부는 다시 오슬로로 운반되어 언론사 초청 기념회에서 칵테일을 만드는 데 쓰였다.

지역과 문화

- 미국에는 아직도 당나귀가 우편물을 나르는 곳이 있다. 그랜드캐니언 계곡 아래에 사는 아메리칸 인디언 하바수파이 부족은 이 방식으로 우편물을 주고받는다.

- 텍사스주 오스틴에서는 1963년부터, 4월의 마지막 토요일을 「곰돌이 푸」에 등장하는 우울한 당나귀 이요르의 생일로 지정하여 축제를 열고 있다. 종일 이어지는 축제의 수익은 비영리단체에 기부한다.

- 인구가 3,700만 명이 넘는 도쿄는 세계에서 인구밀도가 가장 높은 도시이다.

바다는 없지만 해군은 있다

바다에 접하지 않고 육지로만 둘러싸인 내륙국가 볼리비아는 약 5,000명 규모의 해군을 보유하고 있다. 볼리비아 해군은 해발고도가 3,812m인 티티카카 호수와 강에서 훈련한다. 볼리비아가 해군을 유지하는 이유는 1884년 남미태평양전쟁 때 칠레에 빼앗긴 400km에 달하는 해안선을 언젠가는 되찾을 거라고 믿기 때문이다. 참고로 내륙국가 중 해군을 보유하고 있는 나라로는 아제르바이잔, 카자흐스탄, 라오스, 파라과이, 르완다, 투르크메니스탄, 우간다가 있다.

- 켄터키주에는 사람보다 버번위스키를 담는 오크통이 더 많다.

- 세계 곳곳에는 마틴 루서 킹 주니어의 이름을 딴 도로가 1,000개가 넘는다.

- 영국으로부터의 독립을 기념하는 날을 지정한 국가는 62개국이다.

- 미국 앨라배마에는 '언클레임드 배기지unclaimed baggage' 라는 가게가 있다. 이곳에서 판매하는 물건은 공항에서 찾아가지 않은 수화물이다.

- 시카고강은 세계에서 유일하게 거꾸로 흐르는 강이다. 운하를 건설하느라 강을 깊게 파내면서 물길이 바뀐 탓이다.

- 2012년 중국에서 케냐로 가는 비행기를 탄 어느 승객은 수화물 비용을 지불하지 않으려고 셔츠 60장과 바지 아홉 벌을 입은 채 비행기에 올랐다.

지역과 문화

- 몸에 문신을 새기는 취미는 이제 일상적인 게 되어 버렸다. 하지만 2006년까지만 해도 오클라호마주에서는 몸에 문신을 새기는 것이 불법이었다.

- "레드불 날개를 펼쳐줘요Red Bull gives you wings"라는 광고 멘트를 보고, 레드불을 마셨는데도 날개가 생기지 않았다며 소송하는 고객들이 있었다. 레드불 측은 그들에게 1,300만 달러가 넘는 비용을 지불해야 했다.

- 인디애나주 사우스벤드에서는 원숭이에게 억지로 담배를 피우게 하는 것이 금지되어 있다.

- 2009년 어느 여성이 '크런치베리'라는 시리얼에 베리가 들어있지 않다며 제조사인 캡틴크런치에 소송을 걸었다. 하지만 원래 크런치베리라는 과일은 존재하지 않기 때문에 이 소송은 기각되었다.

- 미국 테네시주에서는 넷플릭스 비밀번호를 공유하는 것이 불법이다.

- 유령과 신은 저작권을 소유할 수 없다.

- 뉴저지주에서 경찰을 향해 눈살을 찌푸리는 것은 불법이다.

- 조지아주 게인즈빌에서는 프라이드 치킨을 포크로 먹는 것이 불법이다.

- 앨라배마주에서는 일요일에 도미노 게임을 하는 것이 불법이다. 일요일은 야외로 나가 도미노 게임을 하기에 가장 좋은 날인데도 말이다.

- 켄터키주에서는 적어도 최소한 일 년에 한 번은 목욕을 하도록 법으로 정해져 있다.

- 에티오피아 달력에는 13월이 있다.

- 미국에는 정말로 이런 이름의 도시들이 있다. 메릴랜드주의 '지루한boring 마을', 위스콘신주의 '디스코disco 마을', 노스캐롤라이나주의 '코딱지booger타운', 매사추세츠주의 '사탄의 왕국Satan's Kingdom', 애리조나주의 '아무것도 아닌nothing마을', 뉴저지주의 '엉덩이buttz마을', 앨라배마주의 '베이컨등급bacon level마을'.

- 미국 애리조나에도 런던 브릿지london bridge가 있다! 모두 알다시피 런던 브릿지는 1830년대부터 1967년까지 영국 템스강에 놓여 있었지만, 「London bridge is falling down」이라는 동요가 생길 정도로 다리가 점점 내려앉고 있다는 것이 알려지자 영국인들은 새로운 다리를 짓기 위해 런던 브릿지를 팔았다. 애리조나주 하바수 호수 근처에 땅을 산 어느 별난 미국 사업가가 운송비와 설치비를 포함하여 700만 달러를 넘게 주고 이 다리를 샀고, 그 결과 1971년에 새로운 곳에 설치되었다.

- 지금도 해저 깊은 곳에는 300만 척이 넘는 난파선이 가

지역과 문화

라앉아 있다.

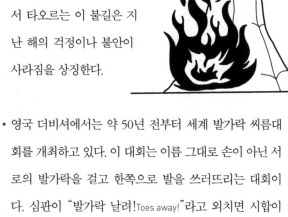

• 뉴멕시코주 샌타페이에서는 노동
절 전 금요일에 조조브라 혹은
늙은이의 우울old man gloom이라
고 부르는, 15m 크기의 인형
을 불태운다. 매년 5만
명이 넘는 사람들 앞에
서 타오르는 이 불길은 지
난 해의 걱정이나 불안이
사라짐을 상징한다.

• 영국 더비셔에서는 약 50년 전부터 세계 발가락 씨름대
회를 개최하고 있다. 이 대회는 이름 그대로 손이 아닌 서
로의 발가락을 걸고 한쪽으로 발을 쓰러뜨리는 대회이
다. 심판이 "발가락 날려!Toes away!"라고 외치면 시합이
시작된다.

• 네 명의 미국 대통령 얼굴이 조각되어 있는 것으로 유명
한 러시모어산이 왠지 모르게 허전하고 미완성처럼 보이

는 건 잘못된 생각이 아니다. 원래는 대통령들의 몸도 조각하기로 되어 있었는데 예산이 부족해 무산됐기 때문이다.

• 태국 롭부리 지역 주민들은 30년 넘는 세월 동안 11월 마지막 일요일에 원숭이들을 위한 거대한 뷔페를 열고 있다. 이날은 마카크원숭이 수천 마리가 높게 쌓아올린 과일과 채소 탑에 올라 '먹방'을 선보인다. 태국에서 원숭이는 행운과 풍요를 상징할 뿐만 아니라 관광산업의 큰 부분을 책임지고 있다.

• 하와이는 매년 8~10cm씩 일본과 가까워지는 중이다.

• 미국에는 연중 내내 물길로 우편물을 배송하는 곳이 있다. 앨라배마주 매그놀리아 스프링스인데, 이 지역의 우편배달부들은 50km 거리를 배로 이동하여 우편물을 배달한다.

• 이탈리아 로마에는 플라스틱병 서른 개를 지하철표 한장으로 교환해주는 제도가 있다. 이 제도 덕에 많은 병이

지역과 문화

회수되어 재활용되었다.

- 워싱턴주에 있는 스카마니아에는 빅풋big foot이라고도 불리는 만화 속의 설인 새스콰치sasquatch를 향해 총을 쏘는 것이 금지되어 있다. 실제로 법률에 명시되어 있는 규정이다.

- 플로리다주 케네디우주센터의 지역 번호는 로켓 발사 카운트다운과 같은 3-2-1이다.

퀴즈

UN에 가입된 총 193개 회원국에 대해 얼마나 알고 있는지 확인해 볼 시간이다. 문제에 주어진 다섯 가지 사실들을 보고, 어느 나라에 대한 설명인지 맞혀보자.

Q1 영화 「블랙 팬서」의 히로인 루피타 농오가 자란 곳. 나이로비. 대지구대the Great Rift Valley. 영양들의 대이동the Great Wildebeest Migration. 실력이 뛰어난 장거리 달리기 선수들. 어느 나라일까?

ⓐ 잉글랜드   ⓑ 불가리아   ⓒ 케냐   ⓓ 이집트

Q2 거의 매년 가장 안전한 국가로 꼽힘. 북극광을 볼 수 있음. 엘프 박물관. 모기 0마리. 두 번째로 큰 도시인 코파보귀르. 어느 나라일까?

ⓐ 아이슬란드   ⓑ 핀란드   ⓒ 그린란드   ⓓ 블루랜드

Q 3 세계에서 가장 큰 섬나라. 활화산 127개. 발리. 야생 코모도왕도마뱀을 볼 수 있는 유일한 곳. 수마트라. 어느 나라 일까?

ⓐ 일본　ⓑ 자메이카　ⓒ 인도네시아　ⓓ 스리랑카

Q 4 다른 어느 나라보다 많은 관광객. 몽블랑. 모나리자가 있는 곳. 빈티지 와인. 화가 앙리 마티스. 어느 나라일까?

ⓐ 스위스　ⓑ 오스트리아　ⓒ 룩셈부르크　ⓓ 프랑스

Q 5 세계에서 가장 작은 10개국 중 하나. 공식언어는 독일 어. 성이 많음. 수도는 파두츠. 레티콘산. 어느 나라일까?

ⓐ 모나코　ⓑ 리히텐슈타인

ⓒ 이스트 짐방글리아　ⓓ 쿠바

Q 6 히말라야산맥. 사각형이 아닌 국기. 가장 널리 쓰이는 인사말은 '나마스테'. 역사상 한 번도 외국의 침입을 받지 않음. 카트만두. 어느 나라일까?

ⓐ 인도　ⓑ 중국　ⓒ 라오스　ⓓ 네팔

Q7 세계에서 붉은색 머리카락 인구 비율이 가장 높은 나라. 국가 동물은 유니콘. 790개의 섬이 있음. 골프가 탄생한 나라. 배우 이완 맥그리거. 어느 나라일까?

ⓐ 스코틀랜드   ⓑ 아일랜드   ⓒ 캐나다   ⓓ 노르웨이

Q8 피카소. 첫 번째 근대소설로 꼽히는 「돈키호테」의 배경. 배우 페넬로페 크루즈. 건축가 안토니오 가우디. 카스티야어, 카탈로니아어, 바스크어, 갈리시아어 등 공식언어가 네 개. 어느 나라일까?

ⓐ 멕시코   ⓑ 갈리시아   ⓒ 포르투갈   ⓓ 스페인

Q9 킬리만자로산. 빅토리아호수. 가수 프레디 머큐리가 태어난 곳. 국토의 약 30%가 국립공원. 잔지바르섬. 어느 나라일까?

ⓐ 잉글랜드   ⓑ 탄자니아   ⓒ 에티오피아   ⓓ 이스라엘

Q10 농구와 폴로를 섞은 파토가 이 나라의 공식 스포츠. 파타고니아. 매달 29일에는 감자로 만든 파스타인 뇨끼를 먹는 풍습이 있음. 여성 1인당 성형수술을 가장 많이 하는 나라. '은'을 뜻하는 라틴어 단어에서 나라 이름이 파생됨. 어느 나

라일까?

ⓐ 브라질 ⓑ 이탈리아 ⓒ 아르헨티나 ⓓ 부네시아

그밖의 흥미로운 이야기

이번 장에는 내가 수집한 정보 가운데 가장 이상하고 믿기 힘들면서도 서로 연관성 없는 것들을 모아두었다. 어느 장에 넣어야 할지 애매하지만 빼버리기에는 너무 재미있는 내용들이다. 이번에 만날 전문가 역시 어느 분야의 전문가라고 정의하기는 어렵지만 엄청난 매력의 소유자다.

조 파이어스톤은 코미디언이자 보드게임 제작자, 배우, 작가, 그리고 팟캐스트 「닥터 게임쇼Dr. Gameshow」의 공동진행자이다. 그가 가장 좋아하는 것은 아마도 무작위 정보 나누기가 아닐까 싶다.

"미국의 장수 퀴즈 프로그램 「제퍼디!」의 오랜 진행자 알렉스 트레벡은 매일 아침식사로 밀키웨이나 스니커즈 초콜릿바를 먹고, 다이어트 콜라나 다이어트 펩시를 마셨어요. 그는 췌장암 투병 끝에 사망했습니다. 고인의 명복을 빕니다."

- 한 장소에 임의로 모인 23명 중 생일이 같은 두 명이 있을 확률은 50%이다. 일반적인 직관과는 다른 이 현상을 '생일 역설birthday paradox'이라고 한다.

- 토성과 목성에서는 다이아몬드 비가 내릴 수 있다고 한다.

- 2004년 캐나다에서 한 여성이 자기 집 정원을 가꾸다가 결혼반지를 잃어버렸는데, 그 반지는 2017년 당근에 끼인 채 발견됐다.

- '나인 나나스9 Nanas'라는 테네시주 여성모임은 1970년대 말부터 새벽 4시에 일어나 빵과 디저트를 만들어 '당신을 사랑하는 누군가로부터'라는 메시지와 함께 저소득층들의 집앞에 몰래 놓아두는 활동을 했다. 30년이 지나서야 멤버 중 한 사람의 남편이 아내와 친구들이 무슨 일을 하고 있는지 알아차렸고, 이때부터 남편들도 이 활동에 합류하게 되었다.

- 바나나 나무는 사실 나무가 아니다. 기둥만 보면 나무처럼 보이지만 알고 보면 거대한 풀이다.

- 2020년 아나 델 프리오레라는 107세 뉴저지 여성은 코로나19에 감염되었지만 완치되었다. 그녀는 1918년에 스페인독감에도 감염된 적이 있지만 완치됐다.

- '판도라의 상자를 열다'라는 말이 있지만, 사실 그리스 신화에서 판도라가 연 것은 상자가 아니라 항아리였다.

- 지금까지 달 위를 걸은 여성은 없다. 미항공우주국은 2024년까지 여성 우주과학자를 달에 보낼 계획을 하고 있다.

- 세계에서 미터법을 쓰지 않는 나라는 미얀마, 라이베리아, 그리고 미국뿐이다.

- 1930년 4월 18일 BBC 라디오는 "오늘은 뉴스가 없습니다"라는 방송멘트를 내보냈다. 그날은 정말 특별한 뉴스가 없었다고 한다.

- 학자금대출을 갚느라 스트레스에 시달리는 중이라면 이 소식이 반가울지도 모르겠다. 오바마 부부는 40대가 되

그밖의 흥미로운 이야기

고 나서야 학자금대출을 모두 갚을 수 있었다. 버락 오바마가 대통령이 되기 겨우 4년 전의 일이다.

• 우주의 98%는 3분 만에 만들어졌다.

• 미국의 국민 소화제 펩토비스몰Pepto-Bismol을 토치로 그을리면 금속으로 변한다.

• 1940년대에 차량용 범퍼 스티커bumper sticker가 등장하기 전까지, 차주들은 마분지나 금속판, 굵은 철사 등을 이용해 도로 위에서 자기만의 개성을 표출하고 다녔다.

• 에이브러햄 링컨을 암살한 존 윌크스 부스의 형은 링컨 아들의 목숨을 구한 적이 있다.

• 미국 지폐는 4,000번을 접었다 펴도 안 찢어진다.

• 이건 집에서 따라 하지 않았으면 한다. 측생동물인 해면 sponge을 산 채로 믹서기에 갈고 하룻밤 정도 그대로 두면 살아있는 해면 세포가 뭉쳐서 새로운 해면이 된 것을

볼 수 있다.

- 1988년, 세균에 대한 공포로 강박증에 시달리던 한 사람이 자신의 머리에 총을 쏘아 자살 시도를 했다. 하지만 사망하지 않았고, 심지어 별다른 문제 없이 강박증도 사라졌다.

- 이집트의 기자Giza 피라미드 안에 무엇이 있는지 우리는 여전히 모른다.

- 1950년대 말부터 1960년대 초까지 미국 공항에는 생명보험을 파는 자판기가 있었다.

- 손가락으로 돌리며 노는 장난감 피젯스피너fidget spinner는 최근에 만들어진 게 아니라 1993년에 특허를 받은 제품이다.

- 금속은 냄새가 나지 않는다. 금속 하면 떠오르는 그 냄새는 금속이 피부와 땀에 닿았을 때 만들어지는 냄새다.

그밖의 흥미로운 이야기

- 인류 최초의 우주비행사 닐 암스트롱이 달에 첫발을 내디딜 때 한 말은 "이것은 인간에게 작은 걸음일 뿐이다"가 아니다. 정확한 워딩은 "이것은 한 인간에게는 작은 걸음이지만 인류에게는 위대한 도약이다That's one small step for a man, one giant leap for mankind"였다.

- 네팔에는 자기 이마를 혀로 핥을 수 있는 남자가 있다.

- 2013년에 개최된 어느 자선 행사에서 한 여성이 샴페인 잔 바닥에 5,000달러짜리 다이아몬드가 있다는 것을 모른 채 그것을 삼키는 일이 벌어졌다. 이 다이아몬드는 기부자 중 무작위로 당첨된 행운의 주인공에게 주려던 상품이었다. 다이아몬드는 다음 날 대장내시경으로 찾을 수 있었다.

- '상당히 많은 양'을 뜻하는 영어 단어 '버트로드buttload'는 사실 구체적인 부피 단위로, 정확한 양은 약 477L이다. 일반적으로 와인이나 맥주의 양을 측정할 때 쓰인다. 덧붙이자면 1배럴이 약 159L이므로 1버트로드는 약 3배럴에 해당하는 양이다.

- 귀뚜라미가 15초 동안 몇 번 우는지 센 후 37을 더하면 현재 기온이 화씨(°F)로 대략 몇 도인지 알 수 있다.

- 1954년 앨라배마에서 앤 호지스라는 여성이 떨어지는 운석에 맞고도 살아남았다. 그녀는 운석에 맞은 것으로 기록된 유일한 인간이다.

- 미국 질병통제예방센터 홈페이지에는 '좀비 대응수칙 zombie preparedness'에 대한 상세한 내용이 게시되어 있다.

- 천문학자 칼 세이건은 마리화나가 과학적 발견에 어느 정도 영감을 주었다고 밝힌 바 있으며, '미스터X'라는 필명으로 마리화나 흡연의 장점에 대한 글을 쓰기도 했다.

- 화성에서는 노을이 푸른 색이고, 한낮의 하늘은 붉은 색이다.

- 아주 작은 당근 조각을 시멘트에 섞으면 콘크리트가 더 강해진다.

그밖의 흥미로운 이야기

- 아동용 컬러점토인 플레이도Play-Doh는 원래 벽지 청소용으로 만들어진 제품이다.

- 2008년 웨스트버지니아주에 사는 벨마 토머스라는 59세 여성이 뇌사 상태에 빠졌다. 17시간 후 병원에서는 생명 유지장치를 제거했고 10분 후 심장이 멈추자 사망 선고가 내려졌다. 그런데 그녀가 갑자기 되살아났고, 뇌 기능 역시 완전히 회복되었다. 아무도 그 이유를 설명하지 못했다.

- 바이러스도 다른 바이러스에 감염될 수 있다.

- 프랑스에는 「라 부지 뒤 사페르La Bougie du Sapeur」라는 신문이 있다. 1980년에 창간되어 4년마다 돌아오는 2월 29일에만 발행하는 신문이다.

- 유럽 아이 중 10%는 이케아 침대 위에서 생긴 아이들이다.

- 지금까지 550명 이상이 우주여행을 했다.

- 우주 얘기가 나왔으니 말인데, 인류 역사상 두 번째로 달

에 발을 디딘 미국 우주비행사 버즈 올드린의 어머니는 결혼 전 성이 '문Moon'이었다.

- 1940년에 폭격기 두 대가 호주 상공에서 부딪쳐 날개가 서로 맞물리는 일이 있었다. 이 충돌로 위쪽 비행기의 엔진이 고장 났지만 아래쪽 비행기의 엔진은 계속 작동했다. 반대로 아래쪽 비행기는 비행제어가 되지 않았지만 위쪽 비행기는 비행제어가 가능했다. 두 비행기는 합쳐진 상태로 안전하게 착륙했고 사망자는 없었다.

- 기온이 섭씨 0도일 때 비눗방울을 불면 방울은 얼음이 된다.

- 성우 멜 블랭크는 벅스 바니, 트위티, 포키 피그 등 수많은 루니툰즈 애니메이션 캐릭터의 목소리를 맡았다. 1961

날짜와 요일의 신기한 관계

매년 4월 4일, 6월 6일, 8월 8일, 10월 10일, 그리고 12월 12일은 모두 같은 요일이다. 예를 들어 2023년에 저 날짜들은 모두 화요일이고, 2024년에는 모두 목요일이다.

그밖의 흥미로운 이야기

년 블랭크는 자동차 사고로 혼수상태에 빠졌고 아무런 자극에도 반응하지 않았다. 그런데 어느 날 신경과 의사가 "안녕, 벅스 바니! 어떻게 지냈어?"라고 물었더니, 그는 벅스 바니의 목소리로 이렇게 답했다. "어…. 잘 지냈어요. 선생님은요?" 그리고 완전히 회복했다.

• 빗방울은 눈물 모양이 아니라 햄버거와 비슷한 모양이다.

• 인류는 아직 전 세계 바다의 5%밖에 탐사하지 못했다.

• 모스크바의 어느 수도원 기록에 따르면 18세기에 69명의 아기를 출산한 여성이 있었다고 한다.

• 미국과 캐나다를 나누는 국경 위에 오페라 극장이 하나 있는데, 무대는 캐나다에, 관객석은 미국에 속한다.

• 순간이동은 실제로 일어나고 있다. 물리학자들은 원자 단위에서는 순간이동이 일어나고 있다고 말한다.

• 물류회사 UPS의 트럭은 불가피한 경우를 제외하고는 늘

우회전으로만 이동한다. 좌회전 신호를 기다리느라 시간을 낭비하고 이산화탄소를 더 배출하는 일을 피하겠다는 방침이다.

- 찰스 오즈본이라는 사람은 68년 동안 딸꾹질을 했다.

- 2014년 샌드위치 브랜드 써브웨이의 직원이 밤새 냉장실에 갇히는 일이 발생했다. 그녀는 CCTV에 보이기를 바라며 케첩으로 "살려줘 HELP ME"라고 썼고, 한 동료가 그걸 발견하여 8시간 만에 그녀를 구해주었다.

- 소화전의 발명특허권 증서는 화재로 인해 불타버렸다.

- 포유동물이 소변을 누는 시간은 덩치와 상관없이 대략 21초이다.

- 이탈리아에는 통증을 느끼지 못하는 가족이 있다.

- 좋은 소식이 있다. 우리가 자면서 삼키는 거미가 1년에 여덟 마리나 된다는 이야기는 완전한 거짓이라고 한다.

그밖의 흥미로운 이야기

- 달에는 미국의 37대 대통령 리처드 닉슨의 서명이 적힌 명판이 있다. 미국 우주비행사가 최초로 달에 착륙했을 당시 그가 대통령이었기 때문이다.

- 2018년 한 여성은 미식축구장 63곳을 합친 길이만큼 긴 면사포를 쓰고 결혼식을 치렀다.

- 우리는 우주만큼 오래됐다. 우리 몸에는 137억 년 전에 생겨난 수소 원자가 아직도 존재하고 있으니 말이다.

- 만약 태양이 지금 당장 폭발한다고 해도 우리는 8분 20초 동안 그 사실을 전혀 알지 못할 것이다.

- 항공기에 설치하는 블랙박스는 사고 현장에서 눈에 잘 띌 수 있도록 주황색으로 제작한다.

- 일란성 쌍둥이도 지문은 다르다.

- 황도12궁 별자리는 원래 13개였지만, 바빌로니아인들이 열두 달짜리 달력을 사용하면서 뱀주인자리가 빠지게 되

었다. 만약 지금까지 뱀주인자리가 남아있다면, 11월 29
일에서 12월 18일 사이에 태어난 사람들의 별자리였을
것이다.

• 우주로 나가면 키가 3% 커진다.

• 지금까지 발견된 가장 큰 눈송이는 너비가 38cm였다고
한다.

• 매년 보드게임 모노폴리를 위해 생산되는 가짜 화폐의
양은 미국 실제 화폐의 연간 발행량보다 많다.

• 재산을 상속할 가족이 없었던 어느 포르투갈 귀족은 리
스본 전화번호부에서 무작위로 70명을 골라 자신이 사망
하면 재산을 나눠 갖도록 했다. 2007년 이 귀족은 세상을
떠났고 70명은 느닷없이 수천 유로를 상속받았다.

• 태양계의 다른 행성들은 모두 그리스 로마 신들의 이름
에서 따왔지만, 지구를 뜻하는 영어 단어 'Earth'는 어떻
게 지어진 건지 알려진 바가 없다.

그밖의 흥미로운 이야기

감사의 말

와! 신나는 순간이다!

자료 조사를 하고 집필 작업을 하는 동안 가장 신뢰할 만한 정보원 역할을 하며 내게 많은 영감을 준 「스미스소니언 매거진」, 「디 애틀랜틱」, 「내셔널지오그래픽」, 「아틀라스 오브스쿠라」 잡지와 「No Such Thing as a Fish」, 「Curiosity Daily」, 「The Weirdest Thing I Learned This Week」 팟캐스트에 가장 먼저 감사 인사를 전하고 싶다. 내게 정보를 제공해 흥미로운 토끼굴로 이끌어준 이 매체들을 강력하게 추천한다.

이 작업을 수행하는 데에 나를 떠올려준 러바인 그린버그 로스탄 출판 에이전시의 똑똑하고 친절하며 노련한 에이전트 린지 에지콤브와 타처페리지 출판사의 현명하고 유능한 편집자 니나 실드에게도 고맙다는 말을 하고 싶다. 극도로 힘든 시기에 내게 동기와 기쁨을 준 분들이다. 함께 작업할 수 있어서 무척 기뻤다.

다음은 완벽한 코미디언 크리스 칼로제로에게 인사를 하고 싫다. 이런 사람이 내 남편이라니. 크리스, 조건 없이 나를 아껴주고, 내게 용기를 주고, 내가 서재에서 비명을 지르며 나와 "고슴도치는 맨날 자기 가시에 찔린다는 거 알고 있었어?!"라고 말할 때도 들어줘서 고마워. 내가 정보의 막다른 곳에 달했다고 느낀 나머지 모든 걸 벽에 던지고 피자 더미 위에 얼굴을 파묻은 채 엉엉 울고 싶을 때 자료 찾는 것을 도와줘서 고마워.

날 지지해주시는 부모님, 밥과 젠 윈터 님에게도 감사의 마음을 보내드린다. 부모님은 내가 전형적인 진로를 따를 기량이 없다는 것을 받아들이시고는 연금을 빼서 내 꿈을 좇으라고 말씀해주셨다.

첫 방송부터 좋아하고 감탄한 프로그램에 퀴즈와 농담을 쓸 기회를 준 오피라 아이젠버그와 NPR 방송국의 「다른 질문 주세요Ask Me Another」 팀에게도 감사드린다.

그리고 이 책을 만드는 데 함께한 다른 모든 분께도 고맙다는 말을 전하고 싶다. 마케팅팀, 홍보팀, 디자인팀, 부편집자해나 슈티크마이어, 작업량이 엄청나게 많았을 편집자 에이미 브로시(미안해요), 자기들이 가장 좋아하는 지식을 기꺼이 나눠준 매 장 앞부분에 등장한 정보 전문가들과 「제퍼디!」 퀴즈 참가자들에게 감사를 보낸다.

마지막으로 여러분, 이 책을 읽어주셔서 고맙습니다.

책에 실린 모든 자료의 출처는
별도의 온라인 페이지에서 확인하실 수 있습니다.
아래 QR코드를 스캔하면
출처 확인 페이지로 이동합니다.

잇콘출판사 블로그
blog.naver.com/itcontents/223154984063